LLITHIADUR

Blwyddyn A

Dyddiau'r Wythnos 1

Adfent
2022

~

Y Deyrnas
2023

Lluniwyd gan
Ritchie Craven

Cynnwys	tudalen
Esboniad ar sut i ddefnyddio'r Llithiadur	2
LLYFR UN: Llithiadur Manwl	5
Darlleniadau amgen	114
LLYFR DAU: Dyddiau Sanctaidd a gwasanaethau eraill	117
Dyddiau'r Gweddi a Dyddiau'r Cydgoriau	150
Gwyliau Diolchgarwch	151
Gŵyl Fair y Canhwyllu	152
Priodau'r Cymun	153

Newydd eleni

Mae Llithiadur eleni'n dechrau cylch 12 mlynedd arall o'r Llithiadur.

Dros y cylch 12 mlynedd diwethaf newidiwyd y Llithiadur i wella'r llyfr argraffiedig a'r fersiwn ar-lein. Cyflwynwyd llawer o newidiadau drwy adborth gan ddefnyddwyr ordeiniedig a lleyg. Gobeithio y bydd hyn yn parhau ar gyfer y cylch hwn a thu hwnt.

Byddwch yn gweld bod Llithiadur eleni wedi'i rannu'n ddau lyfr, Llyfr Un, y Llithiadur manwl a Llyfr Dau, Dyddiau Sanctaidd a gwasanaethau eraill. Gwnaed hyn er mwyn i olwg wythnos y Llithiadur fod yn gliriach gan ddangos Dydd Sanctaidd yr un pryd.

Mae'r Dyddiau Sanctaidd wedi'u dynodi â † yn y rhan dyddiad a chyfeiriad tudalen yn y rhan nodiadau. Mae (†) yn nodi Dydd Sanctaidd nad oes ganddo ddarpariaeth i'w ddathlu yn ystod yr wythnos honno.

Mae yna fân newidiadau eraill yn y Llithiadur hwn; byddwch yn gweld bod Defodau Gyda'r Hwyr ar y dydd cyn gŵyl fel Dydd Gŵyl Sant Andrew (gweler tudalen 6) yn cadw'r darlleniadau defodol dyddiol ar gyfer y dydd yn ogystal â'r darlleniadau ar gyfer yr Hwyrol Weddi ar gyfer Sant Andrew. Mae hyn yn cadw'r dilyniant o ddarlleniadau ar gyfer yr wythnos. Mae'r Defodau ar ôl Gŵyl yr Holl Saint wedi'u newid hefyd i wneud iawn am y diwrnod coll a ddisodlwyd gan ddathliad y Saint.

Gobeithio y byddwch chi'n mwynhau defnyddio'r Llithiadur ar ei newydd wedd ac os oes gennych chi unrhyw gwestiynau am ei ddefnydd neu unrhyw awgrymiadau ar sut i'w wella ymhellach, mae croeso i chi gysylltu â mi.

Ritchie Craven
Rheolwr Cyhoeddiadau

publications@churchinwales.org.uk

Blwyddyn

O fewn y Llithiadur, dangosir yr holl ddathliadau ar eu diwrnod cywir gan gynnwys y rheiny sy'n syrthio ar y Sul. Dylid dathlu'r Dyddiau Gŵyl a'r Gwyliau yng ngrwpiau I a II bob amser a gellir fel arfer dathlu'r rheiny yng ngrŵp II sydd wedi'u trosglwyddo ar y diwrnod nesaf sydd ar gael (ond gellir eu dathlu ar unrhyw ddiwrnod cyfleus cyn y Sul canlynol).

Os bydd Dydd Gŵyl Dewi yn syrthio ar Ddydd Mercher Lludw trosglwyddir ef i'r diwrnod cynt.

Mae'r Gwyliau Llai a'r Coffadwriaethau yng ngrwpiau IV a V yn opsiynol ac ni chânt fel arfer eu trosglwyddo.

Mae'r ddarpariaeth ar gyfer yr holl ddathliadau i'w chael yn adran gefn y llyfr (yn dechrau ar dudalen 117).

Nodyn

On those occasions when a Holy Day neu Festival from groups I neu II replaces a Dydd Sul Ar yr achlysuron hynny pan fo Dydd Gŵyl neu Ŵyl o'r grwpiau I neu II yn disodli Sul yn yr Amser Ordinari, y darlleniadau a bennwyd ar gyfer y Cymun Bendigaid yw darlleniadau'r Prif Wasanaeth, y rhai a bennwyd ar gyfer yr Hwyrol Weddi yw darlleniadau'r Ail Wasanaeth a'r rhai a bennwyd ar gyfer y Foreol Weddi yw darlleniadau'r Trydydd Gwasanaeth.

Grwpiau I, II a III: Y rhai ar gyfer y dydd yw'r Cymun Bendigaid a'r Gwasanaethau Beunyddiol, fel arfer gyda darpariaeth llithiadur. Mae darpariaeth y Cymun Bendigaid Beunyddiol wedi'i hepgor a gellir cyfuno deunydd y Gwasanaeth Beunyddiol â deunydd y dydd sydd o'i flaen neu'n ei ddilyn yn yr wythnos. Y colect a ddefnyddir yw'r un ar gyfer y dydd.

Grwpiau IV a V: Y rhai ar gyfer y diwrnod neu'r tymor ordinari yw'r Gwasanaethau Beunyddiol, a'r colect fel arfer yw un yr wythnos honno er y gellir defnyddio colect y dydd, yn enwedig os nad oes ddathliad o'r Cymun Bendigaid ar y diwrnod hwnnw. Yn nathliadau dyddiau'r wythnos y Gwyliau Llai yng ngrŵp IV defnyddir darlleniadau'r Cymun Bendigaid Beunyddiol fel arfer ond gellir rhoi darlleniadau priod yn eu lle. Yn nathliadau Coffadwriaethau grŵp V ar ddyddiau'r wythnos defnyddir darlleniadau'r Cymun Bendigaid Beunyddiol fel arfer.

Gall Gŵyl Nawddsant, Gŵyl Enw, Gŵyl Gysegru neu Daleithiol, dathliad Eciwmenaidd neu Ŵyl Ddiolchgarwch (yn draddodiadol o gwmpas Sul cyntaf mis Hydref) gymryd y flaenoriaeth ar unrhyw Sul neu gadwraeth arall yng ngrwpiau III - V.

Dim ond ar wyliau'r Nadolig a'r Pasg y cedwir wythnoswyliau. Mae tymor y Pasg yn dechrau ar Noswyl y Pasg ac yn gorffen ar Ddydd y Pentecost.

Salmau: Mae'r cyfeiriadau at y salmau yn y llithiadur yn cyfeirio at yr adnodau fel yr ymddangosant yn yr ysgrythur yn hytrach nag yn ffurf litwrgaidd y Sallwyr.

Y Foreol Weddi a'r Hwyrol Weddi yn ystod Wythnos y Pasg

Cymerir darlleniadau'r Foreol Weddi a'r Gosber o'r ail a'r drydedd ddarpariaeth fel y bo'n briodol.

Y Colect

Dylai fod yn arferol defnyddio un o golectau'r dydd, fel y bo'n briodol i'r llithiau a ddefnyddir. Mae'r weddi Ôl-Gymun yn opsiynol ac yn cyd-fynd â'r colect.

Lliwiau

Y cynllun lliwiau a restrir yn y Llithiadur yw'r un y cytunwyd arno gan Fainc yr Esgobion ym Mehefin 2011 ac mae'n adlewyrchu'r arfer cyfredol mwyaf cyffredin.

Ar ddyddiau'r saint pwysicaf a gwasanaethau arbennig e.e. conffyrmasiwn, sefydlu, angladd etc gellir gwisgo lliwiau priodol eraill.

Suliau a Thymhorau – yr Adfent mewn PORFFOR; Dydd Nadolig tan Ŵyl Fair y Canhwyllau (2il Chwefror) mewn GWYN;

3ydd Chwefror tan Ddydd Mawrth Ynyd mewn GWYRDD;

Dydd Mercher Lludw tan noswyl Sul y Palmwydd mewn PORFFOR (er y gellir gwisgo COCH y DIODDEFAINT ar Sul y Pasg (coch tywyll lliw merysen yw COCH y DIODDEFAINT yn wahanol i'r coch mwy Pentecostaidd);

Sul y Palmwydd tan y Pasg mewn COCH y DIODDEFAINT neu BORFFOR, ac eithrio'r Cymun Bendigaid ar Ddydd Iau Cablyd mewn GWYN;

Gellir gwisgo addurniadau grawysol yn ystod y Grawys neu yn ystod wythnos y Pasg yn unig;

Y Pasg tan noswyl y Pentecost mewn GWYN;

Sul y Pentecost mewn COCH a'r Llun wedi'r Pentecost tan noswyl Sul yr Adfent mewn GWYRDD ac eithrio Sul y Drindod mewn GWYN. (COCH fel opsiwn i Dymor y Deyrnas).

Crist y Brenin mewn GWYN.

Dyddiau Gŵyl

Gwyliau'r Fendigaid Forwyn Fair, Joseff o Nasareth, Genedigaeth Ioan Fedyddiwr, Mair Magdalen, y Gweddnewidiad, Mihangel a'r Holl Angylion, Ioan yr Efengylwr, Diolchgarwch am y Cymun Sanctaidd mewn GWYN;

Yr Apostolion a'r Efengylwyr, Gŵyl y Grog, Gŵyl y Diniweidiaid mewn COCH;

Gŵyl yr Holl Saint mewn PORFFOR (neu Ddu);

Gwyliau Llai (IV) mewn COCH (i Ferthyron) neu WYN neu liw'r tymor;

Coffadwriaethau (V) fel arfer yn lliw'r tymor ond COCH (i Ferthyron) neu gellir defnyddio GWYN os dymunir.

LLITHIADUR MANWL

LLYFR UN:

Blwyddyn A
Dyddiau'r Wythnos 1

Adfent
2022

~

Y Deyrnas
2023

Blwyddyn A - Dyddiau'r Wythnos 1

SUL CYNTAF YR ADFENT		
DYDDIAD	COLECT AC ÔG	PRIF WASANAETH
Dydd Sul 27 Tachwedd	1 a 2	Eseia 2. 1-5 Salm 122 Rhufeiniaid 13. 11-14 Mathew 24. 36-44

Llun 28 Tachwedd	† Mawrth 29 Tachwedd	Andreas, Apostol, Nawddsant Yr Alban Mercher 30 Tachwedd
CYMUN DYDDIOL		
Colect ac ÔG 1 a 2 Eseia 4. 2-6 Salm 122 Mathew 8. 5-13	Colect ac ÔG 1 a 2 Eseia 11. 1-10 Salm 72. 1-8 Luc 10. 21-24	Colect ac ÔG 315 a 110 Eseia 52. 7-10 Salm 19. 1-4 Rhufeiniaid 10. 12-18 Mathew 4. 18-22
Boreol Weddi		
Salm 50; [54] Eseia 42. 18-diwedd Datguddiad 19	Salm 80; [82] Eseia 43. 1-13 Datguddiad 20	Salm 46; 47 Eseciel 47. 1-12 *neu* Ecclesiasticus 14. 20-27 Ioan 12. 20-32
Hwyrol Weddi		
Salm [70;] 71 Eseia 25. 1-9 Mathew 12. 1-21	Salm 74; [75] Eseia 26. 1-13 Mathew 12. 22-37 *... noswyl Andreas:* *Salm 48; Eseia 49. 1-9a; 1 Corinthiaid 4. 9-16*	Salm 87; 96 Sechareia 8. 20-23 Ioan 1. 35-42

Adfent 2022 - Y Deyrnas 2023

TRYDYDD GWASANAETH	AIL WASANAETH	Nodiadau
Salm 44 Micha 4. 1-7 1 Thesaloniaid 5. 1-11	Salm 9 *neu* 9. 1-8 Eseia 52. 1-12 Mathew 24. 15-28	LGG 1984 tudalen 27.
		† gweler tudalen 118.

† Iau 1 Rhagfyr	† Gwener 2 Rhagfyr	† Sadwrn 3 Rhagfyr
CYMUN DYDDIOL		
Colect ac ÔG 1 a 2 Eseia 26. 1-6 Salm 118. 19-24 Mathew 7. 21-27	Colect ac ÔG 1 a 2 Eseia 29. 17-24 Salm 27. 1-4, 13, 14 Mathew 9. 27-31	Colect ac ÔG 1 a 2 Eseia 30. 19-21, 23-26 Salm 147. 1-11 Mathew 9.35 – 10.1, 5-8
Boreol Weddi		
Salm 42; [43] Eseia 43.14 – 44.8 Datguddiad 21. 1-21	Salm 25; [26] Eseia 44. 9-23 Datguddiad 21.22 – 22.5	Salm 9 Eseia 44.24 – 45.13 Datguddiad 22. 6-diwedd
Hwyrol Weddi		
Salm 40; [46] Eseia 28 Mathew 12.38 – 13.23	Salm [16;] 17 Eseia 29. 1-14 Mathew 13. 24-43	Salm 27; 28 Eseia 29. 15-diwedd Mathew 13. 44-diwedd

Blwyddyn A - Dyddiau'r Wythnos 1

AIL SUL YR ADFENT		
DYDDIAD	COLECT AC ÔG	PRIF WASANAETH
Dydd Sul 4 Rhagfyr	3 a 4	Eseia 11. 1-10 Salm 72. 1-7; [18, 19] Rhufeiniaid 15. 4-13 Mathew 3. 1-12

		Dydd Catgor
Llun 5 Rhagfyr	† Mawrth 6 Rhagfyr	† Mercher 7 Rhagfyr
CYMUN DYDDIOL		
Colect ac ÔG 3 a 4 Eseia 35. 1-10 Salm 85. 8-13 Luc 5. 17-26	Colect ac ÔG 3 a 4 Eseia 40. 1-11 Salm 96 Mathew 18. 12-14	Colect ac ÔG 351 a 352 Set Catgor 1, 2 *neu* 3 Gweler tudalen 150.
Boreol Weddi		
Salm 44 Eseia 45. 14-diwedd 1 Thesaloniaid 1	Salm 56; [57] Eseia 46 1 Thesaloniaid 2. 1-12	Salm 62; [63] Eseia 47 1 Thesaloniaid 2. 13-diwedd
Hwyrol Weddi		
Salm 144, [146] Eseia 30. 1-18 Mathew 14. 1-12	Salm 11; [12; 13] Eseia 30. 19-diwedd Mathew 14. 13-diwedd	Salm 10; [14] Eseia 31 Mathew 15. 1-20

Adfent 2022 - Y Deyrnas 2023

TRYDYDD GWASANAETH	AIL WASANAETH	Nodiadau
Salm 80 Amos 7 Luc 1. 5-20	Salm 11; [28] 1 Brenhinoedd 18. 17-39 Ioan 1. 19-28	LGG 1984 tudalen 30.
		† gweler tudalennau 118 a 119.

† Iau 8 Rhagfyr	Dydd Catgor Gwener 9 Rhagfyr	Dydd Catgor Sadwrn 10 Rhagfyr
CYMUN DYDDIOL		
Colect ac ÔG 3 a 4 Eseia 41. 13-20 Salm 145. 1-4, 8-13 Mathew 11. 7-15	Colect ac ÔG 351 a 352 Set Catgor 1, 2 *neu* 3 Gweler tudalen 150.	Colect ac ÔG 351 a 352 Set Catgor 1, 2 *neu* 3 Gweler tudalen 150.
Boreol Weddi		
Salm [53;] 54; [60] Eseia 48. 1-11 1 Thesaloniaid 3	Salm [85;] 86 Eseia 48. 12-diwedd 1 Thesaloniaid 4. 1-12	Salm 145 Eseia 49. 1-13 1 Thesaloniaid 4. 13-diwedd
Hwyrol Weddi		
Salm 73 Eseia 32 Mathew 15. 21-28	Salm [82;] 90 Eseia 33. 1-22 Mathew 15. 29-diwedd	Salm [93;] 94 Eseia 35 Mathew 16. 1-12

TRYDYDD SUL YR ADFENT		
DYDDIAD	COLECT AC ÔG	PRIF WASANAETH
Dydd Sul 11 Rhagfyr	5 a 6	Eseia 35. 1-10 Salm 146. 5-10 *neu Gantigl:* **Magnificat (Luc 1. 47-55)** Iago 5. 7-10 Mathew 11. 2-11

Llun 12 Rhagfyr	† Mawrth 13 Rhagfyr	† Mercher 14 Rhagfyr
CYMUN DYDDIOL		
Colect ac ÔG 5 a 6 Numeri 24. 2-7, 15-17a Salm 25. 4-10 Mathew 21. 23-27	Colect ac ÔG 5 a 6 Seffaneia 3. 1, 2, 9-13 Salm 34. 1-8, 15-22 Mathew 21. 28-32	Colect ac ÔG 5 a 6 Eseia 45. 5-8, [9-17,] 18-25 Salm 85. 8-13 Luc 7. 19-23
Boreol Weddi		
Salm 40 Eseia 49. 14-25 1 Thesaloniaid 5. 1-11	Salm 70; [74] Eseia 50 1 Thesaloniaid 5. 12-diwedd	Salm 75; [96] Eseia 51. 1-8 2 Thesaloniaid 1
Hwyrol Weddi		
Salm [25;] 26 Eseia 38. 1-8, 21-22 Mathew 16. 13-diwedd	Salm 50; [54] Eseia 38. 9-20 Mathew 17. 1-13	Salm [25;] 82 Eseia 39 Mathew 17. 14-21

Adfent 2022 - Y Deyrnas 2023

TRYDYDD GWASANAETH	AIL WASANAETH	Nodiadau
Salm 68. 1-20	Salm 12; [14]	LGG 1984 tudalen 33.
Seffaneia 3. 14-20	Eseia 5. 8-30	
Philipiaid 4. 4-7	Actau 13. 13-41	
	Pan fo'r Ail Wasanaeth yn Gymun, defnyddir fel Efengyl: **Ioan 5. 31-40**	† gweler tudalen 119.

O Ddoethineb!

Iau 15 Rhagfyr	Gwener 16 Rhagfyr	Sadwrn 17 Rhagfyr
\multicolumn{3}{c}{CYMUN DYDDIOL}		
Colect ac ÔG 5 a 6	Colect ac ÔG 5 a 6	Colect ac ÔG 324 a 6
Eseia 54. 1-10	Eseia 56. 1-8	Genesis 49. 2, 8-10
Salm 30	Salm 67	Salm 72. 1-8
Luc 7. 24-30	Ioan 5. 33-36	Mathew 1. 1-7, 17
	Boreol Weddi	
Salm 76; [97]	Salm [77;] 98	Salm 71
Seffaneia 1.1 – 2.3	Eseia 51. 17-diwedd	Eseia 52. 1-12
2 Thesaloniaid 2	2 Thesaloniaid 3	Jwdas
	Hwyrol Weddi	
Salm 44	Salm 49	Salm [42;] 43
Eseia 51. 9-16	Seffaneia 3. 1-13	Seffaneia 3. 14-diwedd
Mathew 17. 22-diwedd	Mathew 18. 1-20	Mathew 18. 21-diwedd

PEDWERYDD SUL YR ADFENT		
DYDDIAD	COLECT AC ÔG	PRIF WASANAETH
Dydd Sul 18 Rhagfyr	7 a 8	Eseia 7. 10-16 Salm 80. 1-7, [17-19] Rhufeiniaid 1. 1-7 Mathew 1. 18-25

O Wreiddyn Jesse! Llun 19 Rhagfyr	O Allwedd Dafydd! Mawrth 20 Rhagfyr	O Wawrddydd! Mercher 21 Rhagfyr
CYMUN DYDDIOL		
Colect ac ÔG 326 a 8 Barnwyr 13. 2-7, 24, 25 Salm 71. 1-8 Luc 1. 5-25	Colect ac ÔG 327 a 8 Eseia 7. 10-14 Salm 24 Luc 1. 26-38	Colect ac ÔG 328 a 8 Seffaneia 3. 14-18 Salm 33. 1-5, 18-22 Luc 1. 39-45
Boreol Weddi		
Salm [144;] 146 Eseia 52.13 – *diwedd* 53 2 Pedr 1. 1-15	Salm 46; [95] Eseia 54 2 Pedr 1.16 – 2.3	Salm 121; [122; 123] Eseia 55 2 Pedr 2. 4-diwedd
Hwyrol Weddi		
Salm [10;] 57 Malachi 1. 1, 6-diwedd Mathew 19. 1-12	Salm 4; [9] Malachi 2. 1-16 Mathew 19. 13-15	Salm [80;] 84 Malachi 2.17 – 3.12 Mathew 19. 16-diwedd

TRYDYDD GWASANAETH	AIL WASANAETH	Nodiadau
Salm 144 Micha 5. 2-5a Luc 1. 26-38	Salm 113; [126] 1 Samuel 1. 1-20 Datguddiad 22. 6-21	LGG 1984 tudalen 35.
	Pan fo'r Ail Wasanaeth yn Gymun, defnyddir fel Efengyl: **Luc 1. 39-45**	

O Frenin y Cenhedloedd! Iau 22 Rhagfyr	O Immanuel! Gwener 23 Rhagfyr	Noswyl y Nadolig Sadwrn 24 Rhagfyr
	CYMUN DYDDIOL *Cymun bendigaid yn ystod y Dydd:*	
Colect ac ÔG 329 a 8 1 Samuel 1. 19-28 Salm 113 *neu* 122 Luc 1. 46-56	Colect ac ÔG 330 a 8 Malachi 3. 1-5 Salm 25. 1-15 Luc 1. 57-66	Colect ac ÔG 9 a 10 2 Samuel 7. 1-5, 8-11, 16 Salm 89. 2, 21-27 Actau 13. 16-26 Luc 1. 67-79
Gellir defnyddio unrhyw un o setiau darlleniadau Prif Wasanaeth Dydd Nadolig ar Noswyl Nadolig ac ar Ddydd Nadolig. Dylid defnyddio **Set III** *mewn gwasanaeth yn ystod y dathlu (gweler tudalennau 14 ac 15).*		
	Boreol Weddi	
Salm 124; [125; 126; 127] Eseia 56. 1-8 2 Pedr 3	Salm [128; 129;] 130; [131] Eseia 63. 1-6 2 Ioan	Salm 45; [113] Eseia 58 3 Ioan
	Hwyrol Weddi	
Salm [24;] 48 Malachi 3.13 – *diwedd* 4 Mathew 23. 1-12	Salm 89.1-37 Nahum 1 Mathew 23. 13-28	Salm 85 Sechareia 2 Datguddiad 1. 1-8

Blwyddyn A - Dyddiau'r Wythnos 1

GENEDIGAETH EIN HARGLWYDD (Dydd Nadolig)

DYDDIAD	COLECT AC ÔG	*PRIF WASANAETH (gweler nodiadau)		
Dydd Sul 25 Rhagfyr	11 a 12	Set I Eseia 9. 2-7 Salm 96 Titus 2. 11-14 Luc 2. 1-14, [15-20]	Set II Eseia 62. 6-12 Salm 97 Titus 3. 4-7 Luc 2. [1-7,] 8-20	Set III Eseia 52. 7-10 Salm 98 Hebreaid 1. 1-4, [5-12] Ioan 1. 1-14

Steffan, Diacon a'r Merthyr Cyntaf Llun 26 Rhagfyr	Ioan, Apostol ac Efengylwr Mawrth 27 Rhagfyr	Y Diniweidiaid Mercher 28 Rhagfyr
CYMUN DYDDIOL		
Colect ac ÔG 331 a 12 2 Cronicl 24. 20-22 Salm 119. 161-168 Actau 7. 51-60 Mathew 23. 34-39 *neu* Actau 7. 51-60 Salm 119. 161-168 Galatiaid 2. 16b-20 Mathew 23. 34-39	Colect 332 ac ÔG 12 (Yn ystod y dydd) Exodus 33. 7-11a Salm 117 1 Ioan 1 Ioan 21. 19b-25	Colect ac ÔG 333 a 385 / 389 Jeremeia 31. 15-17 Salm 124 1 Corinthiaid 1. 26-29 Mathew 2. 13b-18
Boreol Weddi		
Salm 13; [31.1-8; 150] Jeremeia 26. 12-15 Actau 6	Salm 21; [147.13-diwedd] Exodus 33. 7-11a 1 Ioan 2. 1-11	Salm 36; [146] Baruch 4. 21-27 *neu* Genesis 37. 13-20 Mathew 18. 1-10
Hwyrol Weddi		
Salm [57;] 86 Genesis 4. 1-10 Mathew 10. 17-22	Salm 97 Eseia 6. 1-8, [9, 10] 1 Ioan 5. 1-12	Salm [123;] 128 Eseia 49. 14-25 Marc 10. 13-16

Adfent 2022 - Y Deyrnas 2023

TRYDYDD GWASANAETH	AIL WASANAETH	Nodiadau
Salm 110	Salm 8	LGG 1984 tudalen 38.
Eseia 62. 1-5	Eseia 65. 17-25	† gweler tudalen 120.
Mathew 1. 18-25	Philipiaid 2. 5-11 neu Luc 2. 1-20 pan nas defnyddiwyd yn ystod Prif Wasanaeth y dydd.	* Gellir defnyddio unrhyw un o setiau darlleniadau Prif Wasanaeth Dydd Nadolig ar Noswyl Nadolig ac ar Ddydd Nadolig. Dylid defnyddio **Set III** mewn gwasanaeth yn ystod y dathlu.

† Iau 29 Rhagfyr	† Gwener 30 Rhagfyr	† Sadwrn 31 Rhagfyr
CYMUN DYDDIOL		
Colect ac ÔG 13 a 14 1 Ioan 2. 7-11 Salm 96. 1-9 Luc 2. 22-35	Colect ac ÔG 13 a 14 1 Ioan 2. 12-17 Salm 96. 7-10 Luc 2. 36-40	Colect ac ÔG 13 a 14 1 Ioan 2. 18-21 Salm 96. 1, 2, 11-13 Ioan 1. 1-18
Boreol Weddi		
Salm 19; [20] Eseia 57. 15-diwedd Ioan 1. 1-18	Salm [111; 112;] 113 Eseia 59. 1-15a Ioan 1. 19-28	Salm 102 Eseia 59. 15b-diwedd Ioan 1. 29-34
Hwyrol Weddi		
Salm [131;] 132 Jona 1 Colosiaid 1. 1-14	Salm 65; [84] Jona 2 Colosiaid 1. 15-23	Salm 90; [148] Jona 3 – *diwedd* 4 Colosiaid 1.24 – 2.7 ... *noswyl Enwi Iesu:* *Salm 148; Jeremeia 23. 1-6; Colosiaid 2. 8-15*

Blwyddyn A - Dyddiau'r Wythnos 1

ENWI IESU		
DYDDIAD	**COLECT AC ÔG**	**PRIF WASANAETH**
Dydd Sul 1 Ionawr 2023	142 a 14	Numeri 6. 22-27 Salm 8 Galatiaid 4. 4-7 Luc 2. 15-21

* Yn y dilyniant hwn o wythnosau, ni ddylid symud Dydd Gŵyl Ystwyll Ein Harglwydd i ddydd Sul 1 Ionawr ond gellir ei ddathlu ar unrhyw ddiwrnod yn ystod yr wythnos hon.

Llun 2 Ionawr	† Mawrth 3 Ionawr	Mercher 4 Ionawr
CYMUN DYDDIOL		
Colect ac ÔG 15 a 16 1 Ioan 2. 22-29 Salm 98. 1-4 Ioan 1. 19-28	Colect ac ÔG 15 a 16 1 Ioan 3. 1-6 Salm 98. 1-6 Ioan 1. 29-34	Colect ac ÔG 15 a 16 1 Ioan 3. 7-10 Salm 98. 1, 2, 7-9 Ioan 1. 35-42
Boreol Weddi		
Salm 18.1-30 Eseia 60. 1-12 Ioan 1. 35-42	Salm 127; [128; 131] Eseia 60. 13-diwedd Ioan 1. 43-diwedd	Salm 89. 1-37 Eseia 61 Ioan 2. 1-12
Hwyrol Weddi		
Salm [45;] 46 Ruth 1 Colosiaid 2. 8-diwedd	Salm 2; [110] Ruth 2 Colosiaid 3. 1-11	Salm [85;] 87 Ruth 3 Colosiaid 3.12 – 4.1

Adfent 2022 - Y Deyrnas 2023

TRYDYDD GWASANAETH	AIL WASANAETH	Nodiadau
Salm 103; [150] Genesis 17. 1-13 Rhufeiniaid 2. 17-29	Salm 115 Deuteronomium 30. [1-10,] 11-20 Actau 3. 1-16	LGG 1984 tudalen 230.
		† gweler tudalen 120.

	* DYDD GŴYL YSTWYLL	
Iau 5 Ionawr	Gwener 6 Ionawr	Sadwrn 7 Ionawr
CYMUN DYDDIOL	PRIF WASANAETH	CYMUN DYDDIOL
Colect ac ÔG 15 a 16 1 Ioan 3. 11-18 Salm 100 Ioan 1. 43-51	Colect ac ÔG 17 a 18 Eseia 60. 1-6 Salm 72. [1-9,] 10-15 Effesiaid 3. 1-12 Mathew 2. 1-12	Colect ac ÔG 15 a 16 1 Ioan 3.19 – 4.6 Salm 2 Mathew 4. 12-17, 23-25
Boreol Weddi	TRYDYDD GWASANAETH	Boreol Weddi
Salm [8;] 48 Eseia 62 Ioan 2. 13-diwedd	Salm 113; 132 Jeremeia 31. 7-14 Ioan 1. 29-34	Salm 99; [147. 1-12] Eseia 63. 7-diwedd 1 Ioan 3
Hwyrol Weddi	AIL WASANAETH	Hwyrol Weddi
Salm [96;] 97 Ruth 4. 1-17 Colosiaid 4. 2-diwedd ... noswyl Ystwyll: Salm [96,] 97; Eseia 49. 1-13; Ioan 4. 7-26	Salm 98; 100 Baruch 4.36 – 5.9 neu Eseia 60. 1-9 Ioan 2. 1-11	Salm 118 Baruch 1. 15 – 2.10 neu Jeremeia 23. 1-8 Mathew 20. 1-16 ... noswyl Bedydd Crist: Salm 36; Eseia 61; Titus 2. 11-14; 3. 4-7

Blwyddyn A - Dyddiau'r Wythnos 1

BEDYDD CRIST - SUL CYNTAF YR YSTWYLL		
DYDDIAD	**COLECT AC ÔG**	**PRIF WASANAETH**
Dydd Sul 8 Ionawr	19 a 20	Eseia 42. 1-9 Salm 29 Actau 10. 34-43 Mathew 3. 13-17

Llun 9 Ionawr	† Mawrth 10 Ionawr	† Mercher 11 Ionawr
CYMUN DYDDIOL		
Colect ac ÔG 19 a 20 Hebreaid 1. 1-6 Salm 97. 1-2, 6-10 Marc 1. 14-20	Colect ac ÔG 19 a 20 Hebreaid 2. 5-12 Salm 8 Marc 1. 21-28	Colect ac ÔG 19 a 20 Hebreaid 2. 14-diwedd Salm 105. 1-9 Marc 1. 29-39
Boreol Weddi		
Salm 2, [110] Amos 1 1 Corinthiaid 1. 1-17	Salm [8,] 9 Amos 2 1 Corinthiaid 1. 18-diwedd	Salm [19,] 20 Amos 3 1 Corinthiaid 2
Hwyrol Weddi		
Salm 34, [36] Genesis 1. 1-19 Mathew 21. 1-17	Salm 45, [46] Genesis 1.20 – 2.3 Mathew 21. 18-32	Salm 47, [48] Genesis 2. 4-diwedd Mathew 21. 33-diwedd

Adfent 2022 - Y Deyrnas 2023

TRYDYDD GWASANAETH	**AIL WASANAETH**	**Nodiadau**
Salm 89. 20-29	Salm 46; 47	LGG 1984 tudalen 50.
Exodus 14. 15-22	Josua 3. 1-8, 14-17	
1 Ioan 5. 6-9	Hebreaid 1. 1-12	
	Pan fo'r Ail Wasanaeth yn Gymun, defnyddir fel Efengyl: **Luc 3. 15-22**	† gweler tudalen 121.

Iau 12 Ionawr	† Gwener 13 Ionawr	† Sadwrn 14 Ionawr
CYMUN DYDDIOL		
Colect ac ÔG 19 a 20	Colect ac ÔG 19 a 20	Colect ac ÔG 19 a 20
Hebreaid 3. 7-14	Hebreaid 4. 1-4, 11	Hebreaid 4. 12-diwedd
Salm 95. 1, 8-diwedd	Salm 78. 3-8	Salm 19. 7-diwedd
Marc 1. 40-diwedd	Marc 2. 1-12	Marc 2. 13-17
Boreol Weddi		
Salm 21, [24]	Salm 67, [72]	Salm [29,] 33
Amos 4	Amos 5. 1-17	Amos 5. 18-diwedd
1 Corinthiaid 3	1 Corinthiaid 4	1 Corinthiaid 5
Hwyrol Weddi		
Salm 61, [65]	Salm 68	Salm [84,] 85
Genesis 3	Genesis 4. 1-16, 25-26	Genesis 6. 1-10
Mathew 22. 1-14	Mathew 22. 15-33	Mathew 22. 34-diwedd

Blwyddyn A - Dyddiau'r Wythnos 1

AIL SUL YR YSTWYLL		
DYDDIAD	**COLECT AC ÔG**	**PRIF WASANAETH**
Dydd Sul 15 Ionawr	21 a 22	Eseia 49. 1-7 Salm 40. 1-11 1 Corinthiaid 1. 1-9 Ioan 1. 29-42

Llun 16 Ionawr	† Mawrth 17 Ionawr	† Mercher 18 Ionawr
CYMUN DYDDIOL		
Colect ac ÔG 21 a 22 Hebreaid 5. 1-10 Salm 110. 1-4 Marc 2. 18-22	Colect ac ÔG 21 a 22 Hebreaid 6. 10-diwedd Salm 111 Marc 2. 23-diwedd	Colect ac ÔG 21 a 22 Hebreaid 7. 1-3, 15-17 Salm 110. 1-4 Marc 3. 1-6
Boreol Weddi		
Salm [145,] 146 Amos 6 1 Corinthiaid 6. 1-11	Salm 132, [147. 1-12] Amos 7 1 Corinthiaid 6. 12-diwedd	Salm 81, [147. 13-diwedd] Amos 8 1 Corinthiaid 7. 1-24
Hwyrol Weddi		
Salm 71 Genesis 6.11 – 7.10 Mathew 24. 1-14	Salm 89.1-37 Genesis 7. 11-diwedd Mathew 24. 15-28	Salm 97, [98] Genesis 8. 1-14 Mathew 24. 29-diwedd

Adfent 2022 - Y Deyrnas 2023

TRYDYDD GWASANAETH	AIL WASANAETH	Nodiadau
Salm 145. 1-12 Jeremeia 1. 4-10 Marc 1. 14-20	Salm 96 Eseciel 2.1 – 3.4 Galatiaid 1. 11-24 *Pan fo'r Ail Wasanaeth yn Gymun, defnyddir fel Efengyl:* Ioan 1. 43-51	LGG 1984 tudalen 53.
		18-25 Ionawr: Mae'r Wythnos Weddi am Undeb Cristnogol. † gweler tudalennau 121 a 122.

Iau 19 Ionawr	Gwener 20 Ionawr	† Sadwrn 21 Ionawr
CYMUN DYDDIOL		
Colect ac ÔG 21 a 22 Hebreaid 7.25 - 8.6 Salm 40. 7-10 Marc 3. 7-12	Colect ac ÔG 21 a 22 Hebreaid 8. 6-diwedd Salm 85. 7-diwedd Marc 3. 13-19	Colect ac ÔG 21 a 22 Hebreaid 9. 2-3, 11-14 Salm 47. 1-8 Marc 3. 20-21
Boreol Weddi		
Salm 76, [148] Amos 9 1 Corinthiaid 7. 25-diwedd	Salm 27, [149] Hosea 1.1 – 2.1 1 Corinthiaid 8	Salm 122, [128, 150] Hosea 2. 2-17 1 Corinthiaid 9. 1-14
Hwyrol Weddi		
Salm [99, 100,] 111 Genesis 8.15 – 9.7 Mathew 25. 1-13	Salm 73 Genesis 9. 8-19 Mathew 25. 14-30	Salm 61, [66] Genesis 11. 1-9 Mathew 25. 31-diwedd

TRYDYDD SUL YR YSTWYLL		
DYDDIAD	**COLECT AC ÔG**	**PRIF WASANAETH**
Dydd Sul 22 Ionawr	23 a 24	Eseia 9. 1-4 Salm 27. 1, 4-9 *neu* 27. 1-9 1 Corinthiaid 1. 10-18 Mathew 4. 12-23

Llun 23 Ionawr	† Mawrth 24 Ionawr	Tröedigaeth Paul, Apostol. Mercher 25 Ionawr
CYMUN DYDDIOL		
Colect ac ÔG 23 a 24 Hebreaid 9. 15, 24-28 Salm 98 Marc 3. 19b-30	Colect ac ÔG 23 a 24 Hebreaid 10. 1-10 Salm 40. 1-11 Marc 3. 31-35	Collect 153 a PC 363 / 365 Jeremeia 1. 4-10 Salm 67 Actau 9. 1-22 Mathew 19. [24-26,] 27-30 *neu* Actau 9. 1-22 Salm 67 Galatiaid 1. 11-16a Mathew 19. [24-26,] 27-30
Boreol Weddi		
Salm [40,] 108 Hosea 2.18 – *diwedd* 3 1 Corinthiaid 9. 15-diwedd	Salm [34,] 36 Hosea 4. 1-16 1 Corinthiaid 10. 1-13	Salm 66 Eseciel 3. 22-27 Philipiaid 3. 1-14
Hwyrol Weddi		
Salm 138, [144] Genesis 11.27 – 12.9 Mathew 26. 1-16	Salm 145 Genesis 13. 2-diwedd Mathew 26. 17-35 ... noswyl Paul: *Salm 149; Eseia 49. 1-13; Actau 22. 3-16*	Salm 119. 41-56 Ecclesiasticus 39. 1-10 *neu* Eseia 56. 1-8 Colosiaid 1.24 – 2.7

Adfent 2022 - Y Deyrnas 2023

TRYDYDD GWASANAETH	AIL WASANAETH	Nodiadau
Salm 113	Salm 33 *neu* 33. 1-12	LGG 1984 tudalen 56.
Amos 3. 1-8	Pregethwr 3. 1-11	
1 Ioan 1. 1-4	1 Pedr 1. 3-12	* 27 Ionawr: Dydd Cofio'r Holocost
	Pan fo'r Ail Wasanaeth yn Gymun, defnyddir fel Efengyl: Luc 4. 14-21	† gweler tudalen 122.

† Iau 26 Ionawr	† * Gwener 27 Ionawr	† Sadwrn 28 Ionawr
CYMUN DYDDIOL		
Colect ac ÔG 23 a 24	Colect ac ÔG 23 a 24	Colect ac ÔG 23 a 24
Hebreaid 10. 11-25	Hebreaid 10. 32-39	Hebreaid 11. 1, 2, 8-19
Salm 24. 1-6	Salm 37. 1-7, 23, 24	Salm 89. 19-29
Marc 4. 1-25	Marc 4. 26-34	Marc 4. 35-41
Boreol Weddi		
Salm 47, [48]	Salm [61,] 65	Salm 68
Hosea 5 – 6.6	Hosea 6.7 – 7.2	Hosea 8
1 Corinthiaid 10.14 – 11.16	1 Corinth. 11. 17-diwedd	1 Corinthiaid 12. 1-11
Hwyrol Weddi		
Salm 24, [33]	Salm 67, [77]	Salm 72, [76]
Genesis 14 – *diwedd* 15	Genesis 16	Genesis 17. 1-22
Mathew 26. 36-56	Mathew 26. 57-diwedd	Mathew 27. 1-10

Blwyddyn A - Dyddiau'r Wythnos 1

PEDWERYDD SUL YR YSTWYLL		
DYDDIAD	**COLECT AC ÔG**	**PRIF WASANAETH**
Dydd Sul 29 Ionawr	25 a 26	1 Brenhinoedd 17. 8-16 Salm 36. 5-10 1 Corinthiaid 1. 18-31 Ioan 2. 1-11
* Efallai y bydd Cyflwyniad Crist, 2 Chwefror yn cael ei drosglwyddo i heddiw. Gweler tudalen 114 am Ddarlleniadau eraill.		

Llun 30 Ionawr	Mawrth 31 Ionawr	† Mercher 1 Chwefror
CYMUN DYDDIOL		
Colect ac ÔG 25 a 26 Hebreaid 11. 32-40 Salm 31. 19-24 Marc 5. 1-20	Colect ac ÔG 25 a 26 Hebreaid 12. 1-4 Salm 22. 22-31 Marc 5. 21-43	Colect ac ÔG 25 a 26 Heb. 12. 4-7, 11-15, 18-24 Salm 103. 1, 2, 13-18 Marc 6. 1-6
Boreol Weddi		
Salm 57, [96] Hosea 9 1 Corinthiaid 12. 12-diwedd	Salm 93, [97] Hosea 10 1 Corinthiaid 13	Salm 95, [98] Hosea 11. 1-11 1 Corinthiaid 14. 1-19
Hwyrol Weddi		
Salm 2, [20] Genesis 18. 1-15 Mathew 27. 11-26	Salm 19, [21] Genesis 18. 16-diwedd Mathew 27. 27-44	Salm 81, [111] Genesis 19. 1-3, 12-29 Mathew 27. 45-56 ... *noswyl y Cyflwyniad:* *Salm 118; 1 Samuel 1. 19b-28; Hebreaid 4. 11-16*

Adfent 2022 - Y Deyrnas 2023

TRYDYDD GWASANAETH	AIL WASANAETH	Nodiadau
Salm 71. 1-6, 15-17 Haggai 2. 1-9 1 Corinthiaid 3. 10-17	Salm 34 *neu* 34. 1-10 Genesis 28. 10-22 Philemon 1-16	LGG 1984 tudalen 58.
	Pan fo'r Ail Wasanaeth yn Gymun, defnyddir fel Efengyl: **Marc 1. 21-28**	† gweler tudalen 123.

* CYFLWYNIAD CRIST (Gŵyl Fair y Canhwyllau)

Iau 2 Chwefror	† Gwener 3 Chwefror	† Sadwrn 4 Chwefror
PRIF WASANAETH	**CYMUN DYDDIOL**	
Colect ac ÔG 27 a 28 Malachi 3. 1-5 Salm 24. [1-6,] 7-10 Hebreaid 2. 14-18 Luc 2. 22-40	Colect ac ÔG 25 a 26 Hebreaid 13. 1-8 Salm 27. 1-10 Marc 6. 7-29	Colect ac ÔG 25 a 26 Hebreaid 13. 9-17, 20, 21 Salm 23 Marc 6. 30-34
TRYDYDD GWASANAETH	**Boreol Weddi**	
Salm 42; 43; 48 Exodus 13. 1-16 Rhufeiniaid 12. 1-5	Salm [17,] 19 Hosea 11.12 – 13.14 1 Corinthiaid 14.20 – 16.9	Salm 23 Hosea 14 1 Corinthiaid 16. 10-diwedd
AIL WASANAETH	**Hwyrol Weddi**	
Salm 122; 132 Haggai 2. 1-9 Ioan 2. 18-22	Salm 22 Genesis 21.1-21; 22.1-19 Mathew 27.57 – 28.15	Salm 24, [25] Genesis 23 Mathew 28. 16-diwedd

TRYDYDD SUL *cyn* Y GARAWYS		(Priodau 1)
DYDDIAD	COLECT AC ÔG	PRIF WASANAETH
Dydd Sul 5 Chwefror	33 a 34	Eseia 58. 1-9a, [9b-12] Salm 112. 1-9, [10] 1 Corinthiaid 2. 1-12, [13-16] Mathew 5. 13-20

Llun 6 Chwefror	Mawrth 7 Chwefror	Mercher 8 Chwefror
CYMUN DYDDIOL		
Colect ac ÔG 33 a 34 Genesis 1. 1-19 Salm 104. 1-12, 24 Marc 6. 53-56	Colect ac ÔG 33 a 34 Genesis 1.20 – 2.4a Salm 8 Marc 7. 1-13	Colect ac ÔG 33 a 34 Genesis 2. 4b-9, 15-17 Salm 104. 24, 27-30 Marc 7. 14-23
Boreol Weddi		
Salm [27,] 30 2 Cronicl 2. 1-16 Ioan 17. 1-5	Salm [32,] 36 2 Cronicl 3 Ioan 17. 6-19	Salm 34 2 Cronicl 5 Ioan 17. 20-diwedd
Hwyrol Weddi		
Salm [26,] 28, [29] Genesis 24. 1-28 1 Timotheus 6. 1-10	Salm 33 Genesis 24. 29-diwedd 1 Timotheus 6. 11-diwedd	Salm 119. 33-56 Gen. 25. 7-11, 19-diwedd 2 Timotheus 1. 1-14

Adfent 2022 - Y Deyrnas 2023

TRYDYDD GWASANAETH	AIL WASANAETH	Nodiadau
Salm 5; ,6 Jeremeia 26. 1-16 Actau 3. 1-10	Salm [1; 3;] 4 Amos 2. 4-16 Effesiaid 4. 17-32	LGG 1984 tudalen 66 (Septwagesima).
	Pan fo'r Ail Wasanaeth yn Gymun, defnyddir fel Efengyl: **Marc 1. 29-39**	† gweler tudalen 123.

† Iau 9 Chwefror	Gwener 10 Chwefror	Sadwrn 11 Chwefror
CYMUN DYDDIOL		
Colect ac ÔG 33 a 34 Genesis 2. 18-25 Salm 128 Marc 7. 24-30	Colect ac ÔG 33 a 34 Genesis 3. 1-8 Salm 32. 1-7 Marc 7. 31-37	Colect ac ÔG 33 a 34 Genesis 3. 9-24 Salm 90. 1-12 Marc 8. 1-10
Boreol Weddi		
Salm 37 2 Cronicl 6. 1-21 Ioan 18. 1-11	Salm 31 2 Cronicl 6. 22-diwedd Ioan 18. 12-27	Salm [41,] 42, [43] 2 Cronicl 7 Ioan 18. 28-diwedd
Hwyrol Weddi		
Salm [39,] 40 Genesis 26.34 – 27.40 2 Timotheus 1.15 – 2.13	Salm 35 Gen. 27. 41 – *diwedd* 28 2 Timotheus 2. 14-diwedd	Salm [45,] 46 Genesis 29. 1-30 2 Timotheus 3

AIL SUL *cyn* Y GRAWYS: SUL Y GREADIGAETH		
DYDDIAD	COLECT AC ÔG	PRIF WASANAETH
Dydd Sul 12 Chwefror	35 a 36	Genesis 1.1 – 2.3 Salm 136 *neu* 136. 1-9, 23-26 Rhufeiniaid 8. 18-25 Mathew 6. 25-34

Llun 13 Chwefror	† Mawrth 14 Chwefror	Mercher 15 Chwefror
CYMUN DYDDIOL		
Colect ac ÔG 35 a 36 Genesis 4. 1-15, 25 Salm 50. 7-23 Marc 8. 11-13	Colect ac ÔG 35 a 36 Genesis 6. 5-8; 7. 1-5, 10 Salm 29 Marc 8. 14-21	Colect ac ÔG 35 a 36 Genesis 8. 6-13, 20-22 Salm 116. 12-19 Marc 8. 22-26
Boreol Weddi		
Salm 44 2 Cronicl 9. 1-12 Ioan 19. 1-16	Salm 48, [52] 2 Cronicl 10.1 – 11.4 Ioan 19. 17-30	Salm 119. 57-80 2 Cronicl 12 Ioan 19. 31-diwedd
Hwyrol Weddi		
Salm 47, [49] Genesis 29.31 – 30.24 2 Timotheus 4. 1-8	Salm 50 Genesis 31. 1-24 2 Timotheus 4. 9-diwedd	Salm 59, [60, 67] Genesis 31.25 – 32.2 Titus 1

TRYDYDD GWASANAETH	AIL WASANAETH	Nodiadau
Salm 100; 150 Job 38. 1-21 Colosiaid 1. 15-20	Salm 148 Diarhebion 8. 1, 22-31 Datguddiad 4	LGG 1984 tudalen 69 (Secagesima).
	Pan fo'r Ail Wasanaeth yn Gymun, defnyddir fel Efengyl: Luc 12. 16-31	† gweler tudalennau 123 a 124.

Iau 16 Chwefror	Gwener 17 Chwefror	† Sadwrn 18 Chwefror
CYMUN DYDDIOL		
Colect ac ÔG 35 a 36 Genesis 9. 1-13 Salm 102. 15-22 Marc 8. 27-33	Colect ac ÔG 35 a 36 Genesis 11. 1-9 Salm 33. 6-18 Marc 8.34 – 9.1	Colect ac ÔG 35 a 36 Hebreaid 11. 1-7 Salm 145. 1-4, 10-13 Marc 9. 2-13
Boreol Weddi		
Salm [56,] 57, [63] 2 Cronicl 13.1 – 14.1 Ioan 20. 1-10	Salm 51, [54] 2 Cronicl 14. 2-diwedd Ioan 20. 11-18	Salm 68 2 Cronicl 15. 1-15 Ioan 20. 19-diwedd
Hwyrol Weddi		
Salm [61,] 62, [64] Genesis 32. 3-30 Titus 2	Salm 38 Genesis 33. 1-17 Titus 3	Salm [65,] 66 Genesis 35 Philemon

Blwyddyn A - Dyddiau'r Wythnos 1

SUL *o flaen* Y GRAWYS: SUL Y GWEDDNEWIDIAD

DYDDIAD	COLECT AC ÔG	PRIF WASANAETH
Dydd Sul 19 Chwefror (†)	37 a 38	Exodus 24. 12-18 Salm 2; [99] 2 Pedr 1. 16-21 Mathew 17. 1-9

† Llun 20 Chwefror	Mawrth 21 Chwefror	DYDD MERCHER Y LLUDW Mercher 22 Chwefror
CYMUN DYDDIOL		**PRIF WASANAETH**
Colect ac ÔG 37 a 38 Ecclesiasticus 1. 1-10 Salm 93 Marc 9. 14-29	Colect ac ÔG 37 a 38 Ecclesiasticus 2. 1-11 Salm 37. 3-6, 26-28 Marc 9. 30-37	Colect ac ÔG 39 a 40 Joel 2. 1-2, 12-17 *neu* Eseia 58. 1-12 Salm 51. 1-17 2 Corinthiaid 5.20b – 6.10 Mathew 6. 1-6, 16-21 *neu* Ioan 8. 1-11
Boreol Weddi		**TRYDYDD GWASANAETH**
Salm 71 Jeremeia 1 Ioan 3. 1-21	Salm 73 Jeremeia 2. 1-13 Ioan 3. 22-diwedd	Salm 38 Daniel 9. 3-6, 17-19 1 Timotheus 6. 6-19
Hwyrol Weddi		**AIL WASANAETH**
Salm 72, [75] Genesis 37. 1-11 Galatiaid 1	Salm 74 Genesis 37. 12-diwedd Galatiaid 2. 1-10	Salm 102 *neu* 102. 1-17 Eseia 1. 10-18 Luc 15. 11-32

Adfent 2022 - Y Deyrnas 2023

TRYDYDD GWASANAETH	AIL WASANAETH	Nodiadau
Salm 72 Exodus 34. 29-35 2 Corinthiaid 4. 3-6	Salm 84 Ecclesiasticus 48. 1-10 *neu* 2 Brenhinoedd 2. 1-12 Mathew 17. [1-8,] 9-23	LGG 1984 tudalen 72 (Cwincwagesima). † gweler tudalen 124.

† Iau 23 Chwefror	Gwener 24 Chwefror	Sadwrn 25 Chwefror
CYMUN DYDDIOL		
Colect ac ÔG 37 a 38 Deuteronomium 30. 15-20 Salm 1 Luc 9. 18-25	Colect ac ÔG 37 a 38 Eseia 58. 1-9a Salm 51. 1-4, 16, 17 Mathew 9. 14-17	Colect ac ÔG 37 a 38 Eseia 58. 9b-14 Salm 86. 1-6 Luc 5. 27-32
Boreol Weddi		
Salm 77 Jeremeia 2. 14-32 Ioan 4. 1-26	Salm 3, [7] Jeremeia 3. 6-22 Ioan 4. 27-42	Salm 71 Jeremeia 4. 1-18 Ioan 4. 43-diwedd
Hwyrol Weddi		
Salm 74 Genesis 39 Galatiaid 2. 11-diwedd	Salm 31 Genesis 40 Galatiaid 3. 1-14	Salm 73 Genesis 41. 1-24 Galatiaid 3. 15-22

Blwyddyn A - Dyddiau'r Wythnos 1

SUL CYNTAF *yn* Y GARAWYS		
DYDDIAD	COLECT AC ÔG	PRIF WASANAETH
Dydd Sul 26 Chwefror	42 a 43	Genesis 2. 15-17; 3. 1-7 Salm 32 Rhufeiniaid 5. 12-19 Mathew 4. 1-11

† Llun 27 Chwefror	Mawrth 28 Chwefror	Dewi (6[ed] ganrif) Esgob, Nawddsant Cymru Mercher 1 Mawrth
CYMUN DYDDIOL		
Colect ac ÔG 42 a 43 Lefiticus 19. 1, 2, 11-18 Salm 19. 7-14 Mathew 25. 31-46	Colect ac ÔG 42 a 43 Eseia 55. 10, 11 Salm 34. 1-8, [15-22] Mathew 6. 7-15	Colect ac ÔG 168 a 169 Ecclesiasticus 15. 1-6 *neu* Jeremeia 1. 4-10 Salm 16. 3, 5-8 1 Thesaloniaid 2. 2b-12 Mathew 16. 24-27
Boreol Weddi		
Salm [10,] 11 Jeremeia 4. 19-diwedd Ioan 5. 1-18	Salm 44 Jeremeia 5. 1-19 Ioan 5. 19-29	Salm 112 Doethineb 5. 1-16 *neu* 2 Samuel 23. 1-4 Hebreaid 11. 8-16
Hwyrol Weddi		
Salm [12,] 13, [14] Genesis 41. 25-45 Galatiaid 3.23 – 4.7	Salm [46,] 49 Genesis 41.46 – 42.5 Galatiaid 4. 8-20 ... noswyl Ddewi:	Salm 92 Eseciel 2. 1-7 1 Timotheus 4. 1-8
Salm 28. 1, 2, 6-9; Exodus 19. 3-6a; Datguddiad 5. 6-10		

TRYDYDD GWASANAETH	AIL WASANAETH	Nodiadau
Salm 119. 1-16	Salm 50. 1-15	LGG 1984 tudalen 77.
Jeremeia 18. 1-11	Deuteronomium 6. 4-9, 16-25	
Luc 18. 9-14	Luc 15. 1-10	
		† gweler tudalennau 124 a 125.

† Iau 2 Mawrth	Dydd Catgor Gwener 3 Mawrth	Dydd Catgor Sadwrn 4 Mawrth
CYMUN DYDDIOL		
Colect ac ÔG 42 a 43	Colect ac ÔG 351 a 352	Colect ac ÔG 351 a 352
Esther 14. 1, 3-5, 12-14	Set Catgor 1,2 *neu* 3	Set Catgor 1,2 *neu* 3
Salm 138	Gweler tudalen 150.	Gweler tudalen 150.
Mathew 7. 7-12		
Boreol Weddi		
Salm 42, [43]	Salm 22	Salm [59,] 63
Jeremeia 5.20 – 6.21	Jeremeia 6. 22-diwedd	Jeremeia 7. 1-20
Ioan 5.30 – 6.15	Ioan 6. 16-27	Ioan 6. 27-40
Hwyrol Weddi		
Salm [137, 138,] 142	Salm [54,] 55	Salm 4, [16]
Genesis 42. 6-28	Genesis 42. 29-diwedd	Genesis 43. 1-15
Galatiaid 4.21 – 5.15	Galatiaid 5. 16-diwedd	Galatiaid 6

AIL SUL *yn* Y GARAWYS		
DYDDIAD	COLECT AC ÔG	PRIF WASANAETH
Dydd Sul 5 Mawrth (†)	44 a 45	Genesis 12. 1-4a Salm 121 Rhufeiniaid 4. 1-5, 13-17 Ioan 3. 1-17

Llun 6 Mawrth	† Mawrth 7 Mawrth	Mercher 8 Mawrth
CYMUN DYDDIOL		
Colect ac ÔG 44 a 45 Daniel 9. 3-10 Salm 79 Luc 6. 36-38	Colect ac ÔG 44 a 45 Eseia 1. 10-20 Salm 50. 7-15 Mathew 23. 1-12	Colect ac ÔG 44 a 45 Jeremeia 18. 18-20 Salm 31. 1-5, 13-16 Mathew 20. 17-28
Boreol Weddi		
Salm [26], 32 Jeremeia 7. 21-diwedd Ioan 6. 41-51	Salm 50 Jeremeia 8. 1-15 Ioan 6. 52-59	Salm 35 Jeremeia 8.18 – 9.11 Ioan 6. 60-diwedd
Hwyrol Weddi		
Salm [70,] 74 Genesis 43. 16-diwedd Hebreaid 1	Salm 52, [53, 54] Genesis 44. 1-17 Hebreaid 2. 1-9	Salm 3, [51] Genesis 44. 18-diwedd Hebreaid 2. 10-diwedd

TRYDYDD GWASANAETH	AIL WASANAETH	Nodiadau
Salm 74 Jeremeia 22. 1-9 Mathew 8. 1-13	Salm 135 *neu* 135. 1-14 Numeri 21. 4-9 Luc 14. 27-33	LGG 1984 tudalen 80.
		† gweler tudalen 125.

Iau 9 Mawrth	Gwener 10 Mawrth	Sadwrn 11 Mawrth
\multicolumn{3}{c}{CYMUN DYDDIOL}		
Colect ac ÔG 44 a 45 Jeremeia 17. 5-10 Salm 1 Luc 16. 19-31	Colect ac ÔG 44 a 45 Genesis 37. 3, 4, 12-28 Salm 17. 1-8 Mathew 21. 33-46	Colect ac ÔG 44 a 45 Micha 7. 14-20 Salm 103. 1-12 Luc 15. 1-3, 11-32
	Boreol Weddi	
Salm 34 Jeremeia 9. 12-24 Ioan 7. 1-13	Salm [40,] 41 Jeremeia 10. 1-16 Ioan 7. 14-24	Salm [3,] 25 Jeremeia 10. 17-24 Ioan 7. 25-36
	Hwyrol Weddi	
Salm 71 Genesis 45. 1-15 Hebreaid 3. 1-6	Salm 6, [38] Genesis 45. 16-diwedd Hebreaid 3. 7-diwedd	Salm 23, [27] Gen. 46. 1-7, 28-diwedd Hebreaid 4. 1-13

TRYDYDD SUL *yn* Y GARAWYS		
DYDDIAD	COLECT AC ÔG	PRIF WASANAETH
Dydd Sul 12 Mawrth	46 a 47	Exodus 17. 1-7 Salm 95 Rhufeiniaid 5. 1-11 Ioan 4. 5-42

Llun 13 Mawrth	Mawrth 14 Mawrth	Mercher 15 Mawrth
CYMUN DYDDIOL		
Colect ac ÔG 46 a 47 2 Brenhinoedd 5. 1-15a Salm 42. 1, 2: 43.1-4 Luc 4. 24-30	Colect ac ÔG 46 a 47 Cân y Tri 1. 2, 11-20 Salm 25. 4-10 Mathew 18. 21-35	Colect ac ÔG 46 a 47 Deuteronomium 4. 1, 5-10 Salm 147. 12-20 Mathew 5. 17-20
Boreol Weddi		
Salm 5, [7] Jeremeia 11. 1-17 Ioan 7. 37-52	Salm [6,] 9 Jeremeia 11.18 – 12.6 Ioan 7.53 – 8.11	Salm 38 Jeremeia 13. 1-11 Ioan 8. 12-30
Hwyrol Weddi		
Salm [11,] 17 Genesis 47. 1-27 Hebreaid 4.14 – 5.10	Salm [61, 62,] 64 Genesis 47.28 – *diwedd* 48 Hebreaid 5.11 – 6.12	Salm [36,] 39 Genesis 49. 1-32 Hebreaid 6. 13-diwedd

Adfent 2022 - Y Deyrnas 2023

TRYDYDD GWASANAETH	AIL WASANAETH	Nodiadau
Salm 46 Amos 7. 10-17 2 Corinthiaid 1. 1-11	Salm 40 Josua 1. 1-9 Effesiaid 6. 10-20	LGG 1984 tudalen 83.
	Pan fo'r Ail Wasanaeth yn Gymun, defnyddir fel Efengyl: Ioan 2. 13-22	† gweler tudalen 125.

Iau 16 Mawrth	† Gwener 17 Mawrth	† Sadwrn 18 Mawrth
CYMUN DYDDIOL		
Colect ac ÔG 46 a 47 Jeremeia 7. 21-28 Salm 95. 1-9 Luc 11. 14-23	Colect ac ÔG 46 a 47 Hosea 14. 1-9 Salm 81 Marc 12. 28-34	Colect ac ÔG 46 a 47 Hosea 5.13 – 6.6 Salm 51. 1-4, 16-19 Luc 18. 9-14
Boreol Weddi		
Salm 56, [57] Jeremeia 14 Ioan 8. 31-47	Salm 22 Jeremeia 15. 10-diwedd Ioan 8. 48-diwedd	Salm 31 Jeremeia 16.10 – 17.4 Ioan 9. 1-17
Hwyrol Weddi		
Salm 59, [60] Genesis 49.33 – *diwedd* 50 Hebreaid 7. 1-10	Salm 69 Exodus 1. 1-14 Hebreaid 7. 11-diwedd	Salm 116, [130] Exodus 1.22 – 2.10 Hebreaid 8

PEDWERYDD SUL *yn* Y GARAWYS / GRAWYS 4 *fel* SUL Y FAM		
DYDDIAD	COLECT AC ÔG	PRIF WASANAETH
Dydd Sul 19 Mawrth	48 a 49	1 Samuel 16. 1-13 Effesiaid 5. 8-14 Salm 23 Ioan 9. 1-41
Sul y Mamau	50 a 49	Exodus 2. 1-10 *neu* 1 Samuel 1. 20-28 Salm 34. 11-20 *neu* Salm 127. 1-4 2 Corinthiaid 1. 3-7 *neu* Colosiaid 3. 12-17 Luc 2. 33-35 *neu* Ioan 19. 25-27

Joseff *o* Nasareth *(Wedi symud o 19 Mawrth)*		
(†) Llun 20 Mawrth	† Mawrth 21 Mawrth	Mercher 22 Mawrth
CYMUN DYDDIOL		
Colect ac ÔG 174 a 389 2 Samuel 7. 10-16 Salm 89. [27-34,] 35-37 Rhufeiniaid 4. 13-18 Mathew 1. 18-25	Colect ac ÔG 48 a 49 Eseciel 47. 1-9, 12 Salm 46 Ioan 5. 1-18	Colect ac ÔG 48 a 49 Eseia 49. 8-15 Salm 145. 8-14 Ioan 5. 19-30
Boreol Weddi		
Salm 25 Eseia 11. 1-10 Mathew 13. 54-58	Salm [54,] 79 Jeremeia 17.5 – 18.12 Ioan 9.18 – 10.10	Salm [63,] 90 Jeremeia 18. 13-diwedd Ioan 10. 11-21
Hwyrol Weddi		
Salm 1; 112 Genesis 50. 22-26 Mathew 2. 13-23	Salm 80, [82] Exodus 2.11 – 3.20 Hebreaid 9	Salm [52], 91 Exodus 4. 1-23 Hebreaid 10. 1-18

TRYDYDD GWASANAETH	**AIL WASANAETH**	**Nodiadau**
Salm 19 Eseia 43. 1-7 Effesiaid 2. 8-14	Salm 31. 1-8, [9-16] Micha 7 *neu* Gweddi Manasse Iago 5 *Pan fo'r Ail Wasanaeth yn Gymun, defnyddir fel Efengyl:* **Ioan 3. 14-21**	LGG 1984 tudalen 85. † gweler tudalen 126.

Hwyrol Weddi noswyl Joseff: Salm 132; Hosea 11. 1-9; Luc 2. 41-52

		Cyhoeddi ein Harglwydd i Fair Forwyn Fendigaid
Iau 23 Mawrth	**† Gwener 24 Mawrth**	**Sadwrn 25 Mawrth**
CYMUN DYDDIOL		
Colect ac ÔG 48 a 49 Exodus 32. 7-14 Salm 103. 1-12 Ioan 5. 31-47	Colect ac ÔG 48 a 49 Doethineb 2. 1a, 12-22 Salm 34. 15-22 Ioan 7. 1, 2, 10, 25-30	Colect ac ÔG 177 a 8 Eseia 7. 10-14 Salm 45 *neu* 40. 5-10 Hebreaid 10. 4-10 Luc 1. 26-38
Boreol Weddi		
Salm [53,] 86 Jeremeia 19. 1-13 Ioan 10. 22-diwedd	Salm 102 Jere. 19.14 – *diwedd* 20 Ioan 11. 1-27	Salm 111; 113 1 Samuel 2. 1-10 Rhufeiniaid 5. 12-21
Hwyrol Weddi		
Salm 94 Exodus 4.27 – 6.1 Hebreaid 10. 19-25	Salm [13,] 16 Exod. 6. 2-13; 7. 8-diwedd Hebreaid 10.26 – 11.16 *... noswyl Y Cyhoeddi:*	Salm 131; 146 Eseia 52. 1-12 Hebreaid 2. 5-18

Salm 85; Doethineb 9. 1-12 neu Genesis 3. 8-15; Galatiaid 4. 1-5

PUMED SUL *yn* Y GARAWYS: SUL Y DIODDEFAINT		
DYDDIAD	COLECT AC ÔG	PRIF WASANAETH
Dydd Sul 26 Mawrth	51 a 52	Eseciel 37. 1-14 Salm 130 Rhufeiniaid 8. 6-11 Ioan 11. 1-45

Llun 27 Mawrth	Mawrth 28 Mawrth	† Mercher 29 Mawrth
CYMUN DYDDIOL		
Colect ac ÔG 51 a 52 Swsanna 1. 1-9, 15-17, 19-30, 33-62 *neu* Swsanna 1. 41c-62 Salm 23 Ioan 8. 1-11	Colect ac ÔG 51 a 52 Numeri 21. 4-9 Salm 102. 1, 2, 15-22 Ioan 8. 21-30	Colect ac ÔG 51 a 52 Daniel 3. 13-28 Salm 24. 1-6 Ioan 8. 31-47
Boreol Weddi		
Salm 73, [121] Jeremeia 21. 1-10 Ioan 11. 28-44	Salm 35, [123] Jeremeia 22. 1-5, 13-19 Ioan 11. 45-diwedd	Salm 55, [124] Jeremeia 22.20 – 23.8 Ioan 12. 1-11
Hwyrol Weddi		
Salm 26, [27] Exodus 8. 1-19 Hebreaid 11. 17-31	Salm 61, [64] Exodus 8. 20-diwedd Hebreaid 11.32 – 12.2	Salm [56,] 62 Exodus 9. 1-12 Hebreaid 12. 3-13

Adfent 2022 - Y Deyrnas 2023

Amrywio Lliw: Coch y Dioddefaint - *Tymor y Dioddefaint yn dechrau*		
TRYDYDD GWASANAETH	**AIL WASANAETH**	**Nodiadau**
Salm 86 Jeremeia 31. 27-37 Ioan 12. 20-33	Salm 30 Galarnad 3. 19-33 Mathew 20. 17-34	LGG 1984 tudalen 88.
		† gweler tudalen 126.

Iau 30 Mawrth	Gwener 31 Mawrth	Sadwrn 1 Ebrill
CYMUN DYDDIOL		
Colect ac ÔG 51 a 52 Genesis 17. 3-9 Salm 105. 1-9 Ioan 8. 51-59	Colect ac ÔG 51 a 52 Jeremeia 20. 7-13 Salm 18. 1-6 Ioan 10. 31-42	Colect ac ÔG 51 a 52 Eseciel 37. 21b-28 Salm 121 Ioan 11. 45-57
Boreol Weddi		
Salm 40, [125] Jeremeia 23. 9-32 Ioan 12. 12-19	Salm 22, [126] Jeremeia 24 Ioan 12. 20-36a	Salm 23, [127] Jeremeia 25. 1-14 Ioan 12. 36b-diwedd
Hwyrol Weddi		
Salm [42,] 43 Exodus 9. 13-diwedd Hebreaid 12. 14-diwedd	Salm 31 Exodus 10 Hebreaid 13. 1-16	Salm [128, 129,] 130 Exodus 11 Hebreaid 13. 17-diwedd

CHWECHED SUL *yn* Y GARAWYS: SUL Y BLODAU

DYDDIAD	COLECT AC ÔG	PRIF WASANAETH	
Dydd Sul 2 Ebrill	53 a 54	*Litwrgi'r Palmwydd:* Mathew 21. 1-11 Salm 118. [1, 2,] 19-29	*Litwrgi'r Dioddefaint:* Eseia 50. 4-9a Salm 31. 9-16, [17, 18] Philipiaid 2. 5-11 Mathew 26.14 – 27.66 *neu* 27. 11-54

DYDD LLUN YR WYTHNOS FAWR

DYDDIAD	COLECT AC ÔG	PRIF WASANAETH
Llun 3 Ebrill	53 a 54	Eseia 42. 1-9 Salm 36. 5-11 Hebreaid 9. 11-15 Ioan 12. 1-11

DYDD MAWRTH YR WYTHNOS FAWR

DYDDIAD	COLECT AC ÔG	PRIF WASANAETH
Mawrth 4 Ebrill	53 a 54	Eseia 49. 1-7 Salm 71. 1-14 *neu* 71. 1-8 1 Corinthiaid 1. 18-31 Ioan 12. 20-36

DYDD MERCHER YR WYTHNOS FAWR

DYDDIAD	COLECT AC ÔG	PRIF WASANAETH
Mercher 5 Ebrill	53 a 54	Eseia 50. 4-9a Salm 70 Hebreaid 12. 1-3 Ioan 13. 21-32

Advent 2022 - Kingdom 2023

Amrywio Lliw: Gellir defnyddio porffor tan Sul y Pasg.		
TRYDYDD GWASANAETH	**AIL WASANAETH**	**Nodiadau**
Salm 61; 62 Sechareia 9. 9-12 Luc 16. 19-31	Salm 80 Eseia 5. 1-7 Mathew 21. 33-46	LGG 1984 tudalen 91.

Amrywio Lliw: Gellir defnyddio porffor tan Sul y Pasg.		
TRYDYDD GWASANAETH	**AIL WASANAETH**	**Nodiadau**
Salm 25 Galarnad 2. 8-19 Colosiaid 1. 18-23	Salm 41 Galarnad 1. 1-12a Luc 22. 1-23	LGG 1984 tudalen 95.

Amrywio Lliw: Gellir defnyddio porffor tan Sul y Pasg.		
TRYDYDD GWASANAETH	**AIL WASANAETH**	**Nodiadau**
Salm 55. 12-22 Galarnad 3. 40-51 Galatiaid 6. 11-18	Salm 27 Galarnad 3. 1-18 Luc 22. [24-38,] 39-53	LGG 1984 tudalen 101.

Amrywio Lliw: Gellir defnyddio porffor tan Sul y Pasg.		
TRYDYDD GWASANAETH	**AIL WASANAETH**	**Nodiadau**
Salm 88 Eseia 63. 1-9 Datguddiad 14.18 – 15.4	Salm 102 neu 102. 1-17 Doethineb 1.16 – 2.1; 2. 12-22 *neu* Jeremeia 11. 18-20 Luc 22. 54-71	LGG 1984 tudalen 105.

Year A - Weekdays 1

DYDD IAU CABLYD

DYDDIAD	COLECT AC ÔG	PRIF WASANAETH
Iau 6 Ebrill	55 a 56	*Cymun:*
	53 *(mewn gwasanaeth heb fod yn Gymun.)*	Exodus 12. 1-4, [5-10,] 11-14
		Salm 116. 1-2, 12-19 *neu* 116. 12-19
		1 Corinthiaid 11. 23-26
		Ioan 13. 1-17, 31b-35

DYDD GWENER Y GROGLITH

DYDDIAD	COLECT AC ÔG	PRIF WASANAETH
Gwener 7 Ebrill (†)	57 a 58	Eseia 52.13 – 53.12
		Salm 22 *neu* 22. 1-11 *neu* 22. 1-21
		Hebreaid 10. 16-25 *neu* 4. 14-16; 5. 7-9
		Ioan 18.1 – 19.42

NOSWYL Y PASG

DYDDIAD	COLECT AC ÔG	PRIF WASANAETH
Sadwrn 8 Ebrill (†)	59	*Gwasanaethau heblaw Gwylnos y Pasg.*
		Job 14. 1-14 *neu* Galarnad 3. 1-9, 19-24
		Salm 31. 1-4, 15-16 *neu* 31. 1-5
		1 Pedr 4. 1-8
		Mathew 27. 57-66 *neu* Ioan 19. 38-42

GWYLNOS Y PASG

Dylid defnyddio o leiaf dri darlleniad o'r Hen Destament. Dylid defnyddio'r darlleniadau o Exodus 14, Rhufeiniaid a'r Efengyl bob amser.

Genesis 1.1 – 2.4a gyda Salm 136. 1-9, 23-26

Genesis 7. 1-5, 11-18; 8. 6-18; 9. 8-13 gyda Salm 46

Genesis 22. 1-18 gyda Salm 16

Exodus 14. 10-31; 15. 20-21 yn arwain i mewn i Gantigl: Exodus 15. 1b-6, 11-13, 17, 18

Eseia 55. 1-11 gyda Chantigl: Eseia 12. 2-6

Eseia 55. 1-11 with Gantigl: Eseia 12. 2-6

Advent 2022 - Kingdom 2023

Mewn gwasanaeth heb fod yn Gymun.		Amrywio Lliw: Gellir defnyddio porffor tan Sul y Pasg.
TRYDYDD GWASANAETH	**AIL WASANAETH**	**Nodiadau**
Salm 42, 43 Exodus 11 Effesiaid 2. 11-18	Salm 39 Lefiticus 16. 2-24 Luc 23. 1-25	LGG 1984 tudalen 109.

Gellir defnyddio du heddiw.		Amrywio Lliw: Gellir defnyddio porffor tan Sul y Pasg.
TRYDYDD GWASANAETH	**AIL WASANAETH**	**Nodiadau**
Salm 69 Galarnad 5. 15-22 Rhan o **Ioan 18.1 – 19.42** pan na ddarllenwyd yn ystod y Prif Wasanaeth *neu* **Hebreaid 10. 1-10**	Salm 130; 143 Genesis 22. 1-18 Rhan o **Ioan 18.1 – 19.42** na ddarllenwyd yn ystod y Prif Wasanaeth yn arbennig yn yr hwyr, *neu* **Ioan 19. 38-42** *neu* **Colosiaid 1. 18-23**	LGG 1984 tudalen 112. (†) gweler tudalen 126.

Amrywio Lliw: Gellir defnyddio porffor tan Sul y Pasg.		
TRYDYDD GWASANAETH	**AIL WASANAETH**	**Nodiadau**
Salm 116 Job 19. 21-27 1 Ioan 5. 5-12	Salm 142 Hosea 6. 1-6 Ioan 2. 18-22	LGG 1984 tudalen 118. (†) gweler tudalen 127.

GWYLNOS Y PASG, *parhau.*

Baruch 3. 9-15, 32 – 4.4 *neu* Diarhebion 8. 1-8, 19-21; 9. 4b-6 *gyda* Salm 19
Eseciel 36. 24-28 *gyda* Salm 42; 43
Eseciel 37. 1-14 *gyda* Salm 143
Seffaneia 3. 14-20 *gyda* Salm 98
Rhufeiniaid 6. 3-11 *gyda* Salm 114
a Blwyddyn A - Mathew 28. 1-10; Blwyddyn B - Marc 16. 1-8 *a* Blwyddyn C Luc - 24. 1-12

Blwyddyn A - Dyddiau'r Wythnos 1

DYDD Y PASG		
DYDDIAD	**COLECT AC ÔG**	**PRIF WASANAETH**
Dydd Sul 9 Ebrill (†)	60 a 61	Actau 10. 34-43 *neu* Jeremeia 31. 1-6 Salm 118. [1, 2,] 14-24 Colosiaid 3. 1-4 *neu* Actau 10. 34-43 Ioan 20. 1-18 *neu* Mathew 28. 1-10
DARLLENIADAU'R HEN DESTAMENT AR GYFER Y SULIAU DROS Y PASG Pan ddefnyddir darlleniad yr Hen Destament yn y Prif Wasanaeth yn Nhymor y Pasg, dylid defnyddio'r darlleniad o'r Actau fel darlleniad y Testament Newydd.		

Dydd Llun y Pasg 10 Ebrill	(†) Dydd Mawrth y Pasg 11 Ebrill	Dydd Mercher y Pasg 12 Ebrill
CYMUN DYDDIOL		
Colect ac ÔG 60 a 61 Actau 2. 14, 22-32 Salm 16. 1, 5-11 Mathew 28. 8-15	Colect ac ÔG 60 a 61 Actau 2. 14, 36-41 Salm 33. 1-5, 18-22 Ioan 20. 11-18	Colect ac ÔG 60 a 61 Actau 3. 1-10 Salm 105. 1-9 Luc 24. 13-35
Boreol Weddi		
Salm 111, [117, 146] Caniad Solomon 1. 9 – 2.7 Marc 16. 1-8	Salm 112, [147.1-12] Caniad Solomon 2. 8-diwedd Luc 24. 1-12	Salm 113, [147. 13-diwedd] Caniad Solomon 3 Mathew 28. 16-diwedd
Hwyrol Weddi		
Salm 135 Exodus 12. 1-14 1 Corinthiaid 15. 1-11	Salm 136 Exodus 12. 14-36 1 Corinthiaid 15. 12-19	Salm 105 Exodus 12. 37-diwedd 1 Corinthiaid 15. 20-28

Adfent 2022 - Y Deyrnas 2023

TRYDYDD GWASANAETH	AIL WASANAETH	Nodiadau
Salm 105 *neu* 66. 1-12 Exodus 14. 10-18, 26 – 15.2 Datguddiad 15. 2-4	Salm 114; 117 Caniad Solomon 3.2 – 5; 8. 6-7 Ioan 20. 11-18 *pan nas defnyddiwyd yn ystod Prif Wasanaeth y dydd,* *neu* Datguddiad 1. 12-18	LGG 1984 tudalen 121. Pasg: Colect 62.
		(†) gweler tudalen 127.

Dydd Iau y Pasg 13 Ebrill	Dydd Gwener y Pasg 14 Ebrill	(†) Dydd Sadwrn y Pasg 15 Ebrill
CYMUN DYDDIOL		
Colect ac ÔG 60 a 61 Actau 3. 11-26 Salm 8 *neu* 114 Luc 24. 36b-48	Colect ac ÔG 60 a 61 Actau 4. 1-12 Salm 116. 1-9 Ioan 21. 1-14	Colect ac ÔG 60 a 61 Actau 4. 13-21 Salm 118. 1-4, 22-29 Marc 16. 9-15
Boreol Weddi		
Salm 114, [148] Caniad Solomon 5.2 – 6.3 Luc 7. 11-17	Salm 115, [149] Caniad Solomon 7.10 – 8.4 Luc 8. 41-diwedd	Salm 116, [150] Caniad Solomon 8. 5-7 Ioan 11. 17-44
Hwyrol Weddi		
Salm 106 Exodus 13. 1-16 1 Corinthiaid 15. 29-34	Salm 107 Exodus 13.17 – 14.14 1 Corinthiaid 15. 35-50	Salm 145 Exodus 14. 15-diwedd 1 Corinth. 15. 51-diwedd

AIL SUL Y PASG			
DYDDIAD	COLECT AC ÔG	PRIF WASANAETH	
Dydd Sul 16 Ebrill	63 a 64	*Naill ai*: Actau 2. 14a, 22-32 Salm 16 1 Pedr 1. 3-9 Ioan 20. 19-31	*neu (gyda darlleniad HD):* Exodus 14. 10-31; 15. 20, 21 Salm 16 Actau 2. 14a, 22-32 Ioan 20. 19-31

Llun 17 Ebrill	Mawrth 18 Ebrill	Mercher 19 Ebrill
CYMUN DYDDIOL		
Colect ac ÔG 63 a 64 Actau 4. 23-13 Salm 2 Ioan 3. 1-8	Colect ac ÔG 63 a 64 Actau 4. 32-37 Salm 93 Ioan 3. 7-15	Colect ac ÔG 63 a 64 Actau 5. 17-26 Salm 34. 1-8 Ioan 3. 16-21
Boreol Weddi		
Salm [2,] 19 Deuteronomium 1. 3-18 Ioan 20. 1-10	Salm 8, [20, 21] Deuteronomium 1. 19-40 Ioan 20. 11-18	Salm [16,] 30 Deuteronom. 3. 18-diwedd Ioan 20. 19-diwedd
Hwyrol Weddi		
Salm 139 Exodus 15. 1-21 Colosiaid 1. 1-14	Salm 104 Exodus 15.22 – 16.10 Colosiaid 1. 15-diwedd	Salm 33 Exodus 16. 11-diwedd Colosiaid 2. 1-15

Adfent 2022 - Y Deyrnas 2023

TRYDYDD GWASANAETH	AIL WASANAETH	Nodiadau
Salm 81. 1-10	Salm 30. 1-5	LGG 1984 tudalen 129.
Exodus 12. 1-17	Daniel 6. [1-5,] 6-23	
1 Corinthiaid 5. 6b-8	Marc 15.46 – 16.8	† gweler tudalennau 127 a 128.

DIOLCHGARWCH AM FEDYDD SANCTAIDD
Gellir defnyddio'r darlleniadau yn y Cymun neu mewn gwasanaethau eraill. Gellir dathlu unrhyw bryd yn ystod Tymor y Pasg. Gweler tudalen 151.

† Iau 20 Ebrill	† Gwener 21 Ebrill	Sadwrn 22 Ebrill
CYMUN DYDDIOL		
Colect ac ÔG 63 a 64	Colect ac ÔG 63 a 64	Colect ac ÔG 63 a 64
Actau 5. 27-33	Actau 5. 34-42	Actau 6. 1-7
Salm 34. 15-22	Salm 27. 1-6, 13, 14	Salm 33. 1-5, 18-22
Ioan 3. 31-36	Ioan 6. 1-15	Ioan 6. 16-21
Boreol Weddi		
Salm 28, [29]	Salm [57,] 61	Salm [63,] 84
Deuteronomium 4. 1-14	Deuteronomium 4. 15-31	Deuteronomium 4. 32-40
Ioan 21. 1-14	Ioan 21. 15-19	Ioan 21. 20-diwedd
Hwyrol Weddi		
Salm 34	Salm 118	Salm 66
Exodus 17	Exodus 18. 1-12	Exodus 18. 13-diwedd
Colosiaid 2.16 – 3.11	Colosiaid 3.12 – 4.1	Colosiaid 4. 2-diwedd

Blwyddyn A - Dyddiau'r Wythnos 1

TRYDYDD SUL Y PASG			
DYDDIAD	COLECT AC ÔG	PRIF WASANAETH	
Dydd Sul 23 Ebrill (†)	65 a 66	*Naill ai*: Actau 2. 14a, 36-41 Salm 116. 1-4, 12-19 *neu* 116. 1-8 1 Pedr 1. 17-23 Luc 24. 13-35	*neu (gyda darlleniad HD)*: Seffaneia 3. 14-20 Salm 116. 1-4, 12-19 *neu* 116. 1-8 Actau 2.14a, 36-41 Luc 24. 13-35

Llun 24 Ebrill	Marc, Efengylwr Mawrth 25 Ebrill	Mercher 26 Ebrill
CYMUN DYDDIOL		
Colect ac ÔG 65 a 66 Actau 6. 8-15 Salm 119. 161-168 Ioan 6. 22-29	Colect ac ÔG 188 a 127 Diarhebion 15. 28-33 *neu* Actau 15. 35-41 Salm 119. 9-16 Effesiaid 4. 7-16 Marc 13. 5-13	Colect ac ÔG 65 a 66 Actau 7. 51 – 8.8 Salm 66. 1-7 Ioan 6. 30-40
Boreol Weddi		
Salm 96, [97] Deuteronomium 5. 1-22 Effesiaid 1. 1-14	Salm 37. 23-40 Eseia 62. 6-10 *neu* Ecclesiasticus 51. 13-30 Actau 12.25 – 13.13	Salm 105 Deuteron. 5.22 – *diwedd* 6 Effesiaid 1.15 – 2.10
Hwyrol Weddi		
Salm 61, [65] Exodus 19 Luc 1. 1-25 ... *noswyl Marc*: *Salm 19; Eseia 52. 7-10; Marc 1. 1-15*	Salm 45 Eseciel 1. 4-14 2 Timotheus 4. 1-11	Salm [67,] 72 Exodus 20.1-21; 24 Luc 1. 26-56

Adfent 2022 - Y Deyrnas 2023

TRYDYDD GWASANAETH	AIL WASANAETH	Nodiadau
Salm 23	Salm 48	LGG 1984 tudalen 132.
Eseia 40. 1-11	Haggai 1.13 - 2.9	
1 Pedr 5. 1-11	1 Corinthiaid 3. 10-17	Diolchgarwch am Fedydd Sanctaidd. Gweler tudalen 151.
	Pan fo'r Ail Wasanaeth yn Gymun, defnyddir fel Efengyl: Ioan 2. 13-22	† gweler tudalen 128.

Iau 27 Ebrill	Gwener 28 Ebrill	† Sadwrn 29 Ebrill
CYMUN DYDDIOL		
Colect ac ÔG 65 a 66	Colect ac ÔG 65 a 66	Colect ac ÔG 65 a 66
Actau 8. 26-40	Actau 9. 1-20	Actau 9. 31-42
Salm 66. 8, 9, 16-20	Salm 117	Salm 116. 12-19
Ioan 6. 44-51	Ioan 6. 52-59	Ioan 6. 60-69
Boreol Weddi		
Salm 136	Salm 107	Salm [108,] 110, [111]
Deuteronomium 7. 1-11	Deuteron. 7. 12-diwedd	Deuteronomium 8
Effesiaid 2. 11-diwedd	Effesiaid 3. 1-13	Effesiaid 3. 14-diwedd
Hwyrol Weddi		
Salm 73	Salm 77	Salm [23,] 27
Exodus 25. 1-22	Exodus 28. 1-4a, 29-38	Exodus 29. 1-9
Luc 1. 57-diwedd	Luc 2. 1-20	Luc 2. 21-40

Blwyddyn A - Dyddiau'r Wythnos 1

PEDWERYDD SUL Y PASG			
DYDDIAD	COLECT AC ÔG	PRIF WASANAETH	
Dydd Sul 30 Ebrill	67 a 68	*Naill ai:* Actau 2. 42-47 Salm 23 1 Pedr 2. 19-25 Ioan 10. 1-10	*neu (gyda darlleniad HD):* Genesis 7 Salm 23 Actau 2. 42-47 Ioan 10. 1-10

Philip ac Iago, Apostolion Llun 1 Mai	† Mawrth 2 Mai	† Mercher 3 Mai
CYMUN DYDDIOL		
Colect ac ÔG 190 a 110 Eseia 30. 15-21 Salm 119. 1-8 Effesiaid 1. 3-10 Ioan 14. 1-14	Colect ac ÔG 67 a 68 Actau 11. 1-26 Salm 87 Ioan 10. 1-10, 22-30	Colect ac ÔG 67 a 68 Actau 12, 24 – 13. 5a Salm 67 Ioan 12. 44-50
Boreol Weddi		
Salm 139 Diarhebion 4. 10-18 Iago 1. 1-12	Salm 139 Deuteronomium 9 – 10.5 Effesiaid 4	Salm 135 Deuteron. 10. 12-diwedd Effesiaid 5. 1-14
Hwyrol Weddi		
Salm 149 Job 23. 1-12 Ioan 1. 43-51	Salm [115,] 116 Exodus 32. 1-34 Luc 2.41 – 3.14	Salm 47, [48] Exodus 33 Luc 3. 15-22

TRYDYDD GWASANAETH	AIL WASANAETH	Nodiadau
Salm 106. 6-24 Nehemeia 9. 6-15 1 Corinthiaid 10. 1-13	Salm 29. 1-10 Esra 3. 1-13 Effesiaid 2. 11-22 *Pan fo'r Ail Wasanaeth yn Gymun, defnyddir fel Efengyl:* Luc 19. 37-48	LGG 1984 tudalen 134.
		Diolchgarwch am Fedydd Sanctaidd. Gweler tudalen 151.
		† gweler tudalennau 128 a 129.

Hwyrol Weddi noswyl Philip ac Iago: Salm 25; Eseia 40. 27-31; Ioan 12. 20-26

Iau 4 Mai	† Gwener 5 Mai	Sadwrn 6 Mai
CYMUN DYDDIOL		
Colect ac ÔG 67 a 68 Actau 13. 13-25 Salm 89. 1, 2, 19-26 Ioan 13. 16-20	Colect ac ÔG 67 a 68 Actau 13. 26-33 Salm 2 Ioan 14. 1-7	Colect ac ÔG 67 a 68 Actau 13. 44-52 Salm 98 Ioan 14. 7-14
Boreol Weddi		
Salm 118 Deuteron. 11. 8-diwedd Effesiaid 5. 15-diwedd	Salm 33 Deuteronomium 12. 1-14 Effesiaid 6. 1-9	Salm 34 Deuteronomium 15. 1-18 Effesiaid 6. 10-diwedd
Hwyrol Weddi		
Salm [81,] 85 Exod. 34. 1-10, 27-diwedd Luc 4. 1-13	Salm 36, [40] Exodus 35.20 – 36.7 Luc 4. 14-30	Salm 84, [86] Exodus 40. 17-diwedd Luc 4. 31-37

Blwyddyn A - Dyddiau'r Wythnos 1

PUMED SUL Y PASG			
DYDDIAD	COLECT AC ÔG	PRIF WASANAETH	
Dydd Sul 7 Mai	69 a 70	*Naill ai:* Actau 7. 55-60 Salm 31. 1-5, [15, 16] 1 Pedr 2. 2-10 Ioan 14. 1-14	*neu (gyda darlleniad HD):* Genesis 8. 1-19 Salm 31. 1-5, [15, 16] Actau 7. 55-60 Ioan 14. 1-14

† Llun 8 Mai	† Mawrth 9 Mai	Mercher 10 Mai
CYMUN DYDDIOL		
Colect ac ÔG 69 a 70 Actau 14. 5-18 Salm 115. 1-12a Ioan 14. 21-26	Colect ac ÔG 69 a 70 Actau 14. 19-27 Salm 145. 10-13, 22 Ioan 14. 27-31a	Colect ac ÔG 69 a 70 Actau 15. 1-6 Salm 122 Ioan 15. 1-8
Boreol Weddi		
Salm 145 Deuteronomium 16. 1-20 1 Pedr 1. 1-12	Salm 19, [147.1-12] Deuteron. 17. 8-diwedd 1 Pedr 1. 13-diwedd	Salm 30, [147. 13-diwedd] Deuteron. 18. 9-diwedd 1 Pedr 2. 1-10
Hwyrol Weddi		
Salm 105 Numeri 9. 15-diwedd; 10. 33-diwedd Luc 4. 38-diwedd	Salm [96,] 97 Numeri 11. 1-33 Luc 5. 1-11	Salm [98,] 99, [100] Numeri 12 Luc 5. 12-26

Adfent 2022 - Y Deyrnas 2023

TRYDYDD GWASANAETH	AIL WASANAETH	Nodiadau
Salm 30	Salm 147. 1-11	LGG 1984 tudalen 137.
Eseciel 37. 1-12	Sechareia 4. 1-10	
Ioan 5. 19-29	Datguddiad 21. 1-14	Diolchgarwch am Fedydd Sanctaidd. Gweler tudalen 151.
	Pan fo'r Ail Wasanaeth yn Gymun, defnyddir fel Efengyl: Luc 2. 25-32, [33-38]	† gweler tudalen 129.

Iau 11 Mai	Gwener 12 Mai	Sadwrn 13 Mai
CYMUN DYDDIOL		
Colect ac ÔG 69 a 70	Colect ac ÔG 69 a 70	Colect ac ÔG 69 a 70
Actau 15. 7-21	Actau 15. 22-31	Actau 16. 1-10
Salm 96. 1-3, 10-13	Salm 57. 5-11	Salm 100
Ioan 15. 9-11	Ioan 15. 12-17	Ioan 15.18-21
Boreol Weddi		
Salm 57, [148]	Salm 138, [149]	Salm 146, [150]
Deuteronomium 19	Deuteron. 21.22 – 22.8	Deuteron. 24. 5-diwedd
1 Pedr 2. 11-diwedd	1 Pedr 3. 1-12	1 Pedr 3. 13-diwedd
Hwyrol Weddi		
Salm 104	Salm 66	Salm 118
Numeri 13. 1-3, 17-diwedd	Numeri 14. 1-25	Numeri 14. 26-diwedd
Luc 5. 27-diwedd	Luc 6. 1-11	Luc 6. 12-26

Blwyddyn A - Dyddiau'r Wythnos 1

CHWECHED SUL Y PASG: SUL Y GWEDDÏAU			
DYDDIAD	COLECT AC ÔG	PRIF WASANAETH	
Dydd Sul 14 Mai	71 a 72	*Naill ai:* Actau 17. 22-31 Salm 66. 8-20 1 Pedr 3. 13-22 Ioan 14. 15-21	*neu (gyda darlleniad HD):* Genesis 8.20 – 9.17 Salm 66. 8-20 Actau 17. 22-31 Ioan 14. 15-21

Matthias, Apostol *(Wedi symud o 14 Mai)* (†) Llun 15 Mai	Dyddiau Gweddi Mawrth 16 Mai	Dyddiau Gweddi Mercher 17 Mai
CYMUN DYDDIOL		
Colect ac ÔG 196 a 110 Eseia 22. 15-25 Salm 15 Actau 1. 15-26 Ioan 15. 9-17 *neu* Actau 1. 15-26 Salm 15 1 Corinthiaid 4. 1-7 Ioan 15. 9-17	Colect ac ÔG 342 a 344 Job 28. 1-11 Salm 107. 1-9 2 Thesaloniaid 3. 6-13 Marc 11. 22-24	Colect ac ÔG 343 a 344 Deuteronomium 8. 1-10 Salm 121 Philipiaid 4. 4-7 Luc 11. 5-13
Boreol Weddi		
Salm 16 1 Samuel 2. 27-35 Actau 2. 37-47	Salm [124, 125,] 126, [127] Deuteronomium 26; 28. 1-14 1 Pedr 4	Salm 132, [133] Deuteronomium 28. 58-diwedd 1 Pedr 5
Hwyrol Weddi … *noswyl Dydd Iau'r Dyrchafael:*		
Salm 80 1 Samuel 16. 1-13a Mathew 7. 15-27	Salm 128, [129, 130, 131] Numeri 16 Luc 6. 27-diwedd	*Salms 15; 24 2 Samuel 23. 1-5 Colosiaid 2.20 – 3.4*

Adfent 2022 - Y Deyrnas 2023

TRYDYDD GWASANAETH	AIL WASANAETH	Nodiadau
Salm 73. 21-28	Salm 87; 36. 5-10	LGG 1984 tudalen 140.
Job 14. 1, 2, 7-15; 19. 23-27a	Sechareia 8. 1-13	Diolchgarwch am Fedydd Sanctaidd. Gweler tudalen 151.
1 Thesaloniaid 4. 13-18	Datguddiad 21.22 – 22.5	
	Pan fo'r Ail Wasanaeth yn Gymun, defnyddir fel Efengyl: Ioan 21. 1-14	† gweler tudalen 129.

Hwyrol Weddi noswyl Mathias: Salm 147; Eseia 22. 15-22; Philipiaid 3.13b – 4.1

DYDD IAU'R DYRCHAFAEL	Weddi am ddoniau'r Ysbryd Glân yn dechrau. (Rhwng Dydd Iau'r Dyrchafael a'r Pentecost)	
Iau 18 Mai	† Gwener 19 Mai	Sadwrn 20 Mai
PRIF WASANAETH	CYMUN DYDDIOL	
Colect ac ÔG 73 a 74	Colect ac ÔG 71 a 72	Colect ac ÔG 71 a 72
*Actau 1. 1-11 *neu* Daniel 7. 9-14	Actau 18. 9-18	Actau 18. 23-26
Salm 47; [93]	Salm 47. 1-5	Salm 47. 1, 2, 6-11
Effesiaid 1. 15-23 *neu* *Actau 1. 1-11	Ioan 16. 20-24	Ioan 16. 23b-28
Luc 24. 44-53		

* Dylid defnyddio'r darlleniad o'r Actau fel y darlleniad cyntaf neu'r ail ddarlleniad.

TRYDYDD GWASANAETH	Boreol Weddi	
Salm 110	Salm [20,] 81	Salm [21,] 47
Eseia 52. 7-15	Deuteronomium 29. 2-15	Deuteronomium 30
Hebreaid 7. 11-28, [26-28]	1 Ioan 1. 1-2, 6	1 Ioan 2. 7-17
AIL WASANAETH	Hwyrol Weddi	
Salm 8	Salm 145	Salm [84,] 85
Cân y Tri 29-37 *neu* 2 Brenhinoedd 2. 1-15	Numeri 20. 1-13	Numeri 21. 4-9
Datguddiad 5	Luc 7. 11-17	Luc 7. 18-35
Pan fo'r Ail Wasanaeth yn Gymun, defnyddir fel Efengyl: Marc 16. 14-20		

Blwyddyn A - Dyddiau'r Wythnos 1

SEITHFED SUL Y PASG - Y Sul ar ôl Dydd Iau'r Dyrchafael			
DYDDIAD	**COLECT AC ÔG**	**PRIF WASANAETH**	
Dydd Sul 21 Mai	75 a 76	*Naill ai:* Actau 1. 6-14 Salm 68. 1-10, [32-35] 1 Pedr 4. 12-14; 5. 6-11 Ioan 17. 1-11	*neu (gyda darlleniad HD):* Eseciel 36. 24-28 Salm 68. 1-10, [32-35] Actau 1. 6-14 Ioan 17. 1-11

Llun 22 Mai	Mawrth 23 Mai	† Mercher 24 Mai
CYMUN DYDDIOL		
Colect ac ÔG 75 a 76 Actau 19. 1-10 Salm 68. 1-6 Ioan 16. 29-33	Colect ac ÔG 75 a 76 Actau 20. 17-27 Salm 68. 7-20 Ioan 17. 1-11a	Colect ac ÔG 75 a 76 Actau 20. 28-38 Salm 68. 28-35 Ioan 17. 11b-19
Boreol Weddi		
Salm 93, [96, 97] Deuteronomium 31. 1-13 1 Ioan 2. 18-diwedd	Salm [98, 99,] 100 Deuteronomium 31. 14-29 1 Ioan 3. 1-10	Salm [2,] 29 Deuteron. 31. 30 – 32.14 1 Ioan 3. 11-diwedd
Hwyrol Weddi		
Salm 18 Numeri 22. 1-35 Luc 7. 36-diwedd	Salm 68 Numeri 22.36 – 23.12 Luc 8. 1-15	Salm [36,] 46 Numeri 23. 13-diwedd Luc 8. 16-25

Adfent 2022 - Y Deyrnas 2023

TRYDYDD GWASANAETH	AIL WASANAETH	Nodiadau
Salm 104. 26-37 Eseia 65. 17-25 Datguddiad 21. 1-8	Salm 47 2 Samuel 23. 1-5 Effesiaid 1. 15-23 *Pan fo'r Ail Wasanaeth yn Gymun, defnyddir fel Efengyl:* **Marc 16. 14-20**	LGG 1984 tudalen 145.
		Wythnos weddi am ddoniau'r Ysbryn Glân.
		Diolchgarwch am Fedydd Sanctaidd. Gweler tudalen 151.
		† gweler tudalen 130.

† Iau 25 Mai	† Gwener 26 Mai	Sadwrn 27 Mai
CYMUN DYDDIOL		
Colect ac ÔG 75 a 76 Actau 22. 30; 23. 6-11 Salm 16 Ioan 17. 20-26	Colect ac ÔG 75 a 76 Actau 25. 13-21 Salm 103. 1, 2, 19-22 Ioan 21. 15-19	Colect ac ÔG 75 a 76 Actau 28. 16-20, 30, 31 Salm 11 Ioan 21. 20-25
Boreol Weddi		
Salm 24, [72] Deuteronomium 32. 15-47 1 Ioan 4. 1-6	Salm 28, [30] Deuteronomium 33 1 Ioan 4. 7-diwedd	Salm [42,] 43 Deuter. 32. 48-diwedd; 34 1 Ioan 5
Hwyrol Weddi		*… noswyl Pentecost:*
Salm 139 Numeri 24 Luc 8. 26-39	Salm 147 Numeri 27. 12-diwedd Luc 8. 40-diwedd	*Salm 48* *Deuteronomium 16. 9-15* *Ioan 7. 37-39*

Blwyddyn A - Dyddiau'r Wythnos 1

DYDD Y PENTECOST - Y Sulgwyn		
DYDDIAD	COLECT AC ÔG	PRIF WASANAETH
Dydd Sul 28 Mai (†)	77 a 78	*Dylid defnyddio'r darlleniad o'r Actau fel y darlleniad cyntaf neu'r ail ddarlleniad.* Actau 2. 1-21 *neu* Numeri 11. 24-30 Salm 104. 24-34, 35b *neu* 104. 24-36 1 Corinthiaid 12. 3b-13 *neu* Actau 2. 1-21 Ioan 20. 19-23 *neu* 7. 37-39

Llun 29 Mai	Mawrth 30 Mai	Ymweliad Mair Forwyn Fendigaid ag Elisabeth Mercher 31 Mai
CYMUN DYDDIOL		
Colect ac ÔG 79 a 80 Ecclesiasticus 17. 24-29 Salm 32. 1-7 Marc 10. 17-27	Colect ac ÔG 79 a 80 Ecclesiasticus 35. 1-12 Salm 50. 7-15 Marc 10. 28-31	Colect ac ÔG 204 a 8 Seffaneia 3. 14-18 Salm 113 Rhufeiniaid 12. 9-16 Luc 1. 39-49, [50-56]
Boreol Weddi		
Salm [123, 124, 125,] 126 2 Cronicl 17. 1-12 Rhufeiniaid 1. 1-17	Salm 132, [133] 2 Cronicl 18. 1-27 Rhufeiniaid 1. 18-diwedd	Salm 85 1 Samuel 2. 1-10 Marc 3. 31-35
Hwyrol Weddi		
Salm 127, [128, 129] Josua 1 Luc 9. 18-27	Salm [134,] 135 Josua 2 Luc 9. 28-36 *... noswyl yr Ymweliad:* *Salm 45; Caniad Solomon 2. 8-14; Luc 1. 26-38*	Salm 122; 127; 128 Sechareia 2. 10-13 Ioan 3. 25-30

Adfent 2022 - Y Deyrnas 2023

TRYDYDD GWASANAETH	AIL WASANAETH	Nodiadau
Salm 87	Salm 67; 133	LGG 1984 tudalen 147.
Genesis 11. 1-9	Joel 2. 21-32	Ddyddiau'r wythnos ar ôl Dydd y Pentecost, defnyddiwch Colect 77.
Actau 10. 34-48	Actau 2. 14-21, [22-38]	
	Pan fo'r Ail Wasanaeth yn Gymun, defnyddir fel Efengyl:	
	Luc 24. 44-53	† gweler tudalennau 130 a 131.

† Iau 1 Mehefin	† Gwener 2 Mehefin	† Sadwrn 3 Mehefin
CYMUN DYDDIOL		
Colect ac ÔG 79 a 80	Colect ac ÔG 79 a 80	Colect ac ÔG 79 a 80
Ecclesiasticus 42. 15-25	Ecclesiasticus 44. 1-13	Ecclesiasticus 51. 11b-22
Salm 33. 1-9	Salm 149. 1-5	Salm 19. 7-14
Marc 10. 32-52	Marc 11. 11-26	Marc 11. 27-33
Boreol Weddi		
Salm 143, [146]	Salm [142,] 144	Salm 147
2 Cronicl 18.28 – 20.23	2 Chron. 22.10 – *diwedd* 23	2 Cronicl 24. 1-22
Rhufeiniaid 2	Rhufeiniaid 3. 1-20	Rhufeiniaid 3. 21-diwedd
Hwyrol Weddi		
		… noswyl Sul y Drindod:
Salm 138, [140, 141]	Salm 145	*Salm 97, 98*
Josua 3 – 5.1	Josua 5.2 – 6.20	*Eseia 40. 12-31*
Luc 9. 37-diwedd	Luc 10. 1-24	*Marc 1. 1-13*

Blwyddyn A - Dyddiau'r Wythnos 1

SUL Y DRINDOD		
DYDDIAD	COLECT AC ÔG	PRIF WASANAETH
Dydd Sul 4 Mehefin	81 a 82	Eseia 40. 12-17, 27-31 Salm 8 2 Corinthiaid 13. 11-13 Mathew 28. 16-20

† Llun 5 Mehefin	Mawrth 6 Mehefin	Mercher 7 Mehefin
CYMUN DYDDIOL		
Colect ac ÔG 81 a 82 Tobit 1. 1, 2; 1. 1-8 Salm 112. 1-6 Marc 12. 1-12	Colect ac ÔG 81 a 82 Tobit 2. 9-14 Salm 112. 1, 2, 7-9 Marc 12. 13-17	Colect ac ÔG 81 a 82 Tobit 3. 1-11, 16, 17 Salm 25. 1-10 Marc 12. 18-27
Boreol Weddi		
Salm 1, [2, 3] 2 Cronicl 26. 1-21 Rhufeiniaid 4. 1-12	Salm 5, [6, 8] 2 Cronicl 28 Rhufeiniaid 4. 13-diwedd	Salm 119. 1-32 2 Cronicl 29. 1-19 Rhufeiniaid 5. 1-11
Hwyrol Weddi		
Salm 4, [7] Josua 7. 1-15 Luc 10. 25-37	Salm 9, [10] Josua 7. 16-diwedd Luc 10. 38-diwedd	Salm 11, [12, 13] Josua 8. 1-29 Luc 11. 1-13 *... noswyl y Diolchgarwch:* *Salm 110; 111; Exodus 16. 2-15; Ioan 6. 22-35*

Adfent 2022 - Y Deyrnas 2023

TRYDYDD GWASANAETH	AIL WASANAETH	Nodiadau
Salm 86. 8-13 Exodus 3. 1-6, 13-15 Ioan 17. 1-11	Salm 93; 150 Eseia 6. 1-8, [9, 10] Ioan 16. 5-15	LGG 1984 tudalen 154.
		† gweler tudalen 131.

Dydd Diolchgarwch am y Cymun Bendigaid (Corpus Christi) Iau 8 Mehefin	† Gwener 9 Mehefin	† Sadwrn 10 Mehefin
CYMUN DYDDIOL		
Colect ac ÔG 339 a 56 Genesis 14. 18-20 Salm 116. 12-19 1 Corinthiaid 11. 23-26, [27-29, 31-34a] Ioan 6. [47-50,] 51-58	Colect ac ÔG 81 a 82 Tobit 11. 5-15 Salm 146 Marc 12. 28-37	Colect ac ÔG 81 a 82 Tobit 12. 1, 5-15, 20 Salm 65. 1-4 Marc 12. 38-44
Boreol Weddi		
Salm 147 Deuteronomium 8. 2-16 1 Corinthiaid 10. 1-17	Salm [17,] 19 2 Cronicl 29 – *diwedd* 30 Rhufeiniaid 5.12 – 6.14	Salm [20, 21,] 23 2 Cronicl 32. 1-22 Rhufeiniaid 6. 15-diwedd
Hwyrol Weddi		
Salm 23; 42; 43 Diarhebion 9. 1-5 Luc 9. 11-17	Salm 22 Josua 8.30 – 9.26 Luc 11. 14-36	Salm 24, [25] Josua 10. 1-15 Luc 11. 37-diwedd *... noswyl Barnabas:*
	Salm 1; 15; Eseia 42. 5-12; Actau 14. 8-28	

Blwyddyn A - Dyddiau'r Wythnos 1

BARNABAS, APOSTOL			
DYDDIAD	**COLECT AC ÔG**	**PRIF WASANAETH**	
Dydd Sul 11 Mehefin	211 a 110	*Naill ai:* Job 29. 11-16 Salm 112 Actau 11. 19-30 Ioan 15. 12-17	*neu:* Actau 11. 19-30 Salm 112 Galatiaid 2. 1-10 Ioan 15. 12-17

Llun 12 Mehefin	Mawrth 13 Mehefin	† Mercher 14 Mehefin
CYMUN DYDDIOL		
Colect ac ÔG 83 a 84 2 Corinthiaid 1. 1-7 Salm 34. 1-8 Mathew 5. 1-12	Colect ac ÔG 83 a 84 2 Corinthiaid 1. 18-22 Salm 119. 129-136 Mathew 5. 13-16	Colect ac ÔG 83 a 84 2 Corinthiaid 3. 4-11 Salm 99 Mathew 5. 17-19
Boreol Weddi		
Salm [27,] 30 2 Cronicl 33. 1-13 Rhufeiniaid 7. 1-6	Salm [32,] 36 Cronicl 34. 1-18 Rhufeiniaid 7. 7-diwedd	Salm 34 2 Cronicl 34. 19-diwedd Rhufeiniaid 8. 1-11
Hwyrol Weddi		
Salm [26,] 28, [29] Josua 14 Luc 12. 1-12	Salm 33 Josua 21.43 – 22.8 Luc 12. 13-21	Salm 119. 33-56 Josua 22. 9-diwedd Luc 12. 22-31

TRYDYDD GWASANAETH	AIL WASANAETH	Nodiadau
Salm 100; 101 Jeremeia 9. 23, 24 Actau 4. 32-37	Salm 147 Pregethwr 12. 9-14 *neu* Tobit 4. 5-11 Actau 9. 26-31	LGG 1984 tudalen 250. † gweler tudalen 132.

Iau 15 Mehefin	† Gwener 16 Mehefin	Sadwrn 17 Mehefin
CYMUN DYDDIOL		
Colect ac ÔG 83 a 84 2 Corinthiaid 3.12 – 4.6 Salm 85. 7-13 Mathew 5. 20-26	Colect ac ÔG 83 a 84 2 Corinthiaid 4. 7-15 Salm 116. 9-17 Mathew 5. 27-32	Colect ac ÔG 83 a 84 2 Corinthiaid 5. 14-21 Salm 103. 1-12 Mathew 5. 33-37
Boreol Weddi		
Salm 37 2 Cronicl 35. 1-19 Rhufeiniaid 8. 12-17	Salm 31 2 Cronicl 35.20 – 36.10 Rhufeiniaid 8. 18-30	Salm [41,] 42, [43] 2 Cronicl 36. 11-diwedd Rhufeiniaid 8. 31-diwedd
Hwyrol Weddi		
Salm [39,] 40 Josua 23 Luc 12. 32-40	Salm 35 Josua 24. 1-28 Luc 12. 41-48	Salm [45,] 46 Josua 24. 29-diwedd Luc 12. 49-diwedd

Blwyddyn A - Dyddiau'r Wythnos 1

YR AIL SUL *wedi'r* DRINDOD			(Priodau 6)
DYDDIAD	COLECT AC ÔG	PRIF WASANAETH	
Dydd Sul 18 Mehefin	85 a 86	*Parhaol:* Genesis 18. 1-15; [21. 1-7] Salm 116. 1-2, 12-19 *neu* 116. 11-18 Rhufeiniaid 5. 1-8 Mathew 9.35 – 10.8, [9-23]	*neu Gysylltiedig:* Exodus 19. 2-8a Salm 100 Rhufeiniaid 5. 1-8 Mathew 9.35 – 10.8, [9-23]

Llun 19 Mehefin	† Mawrth 20 Mehefin	Mercher 21 Mehefin
CYMUN DYDDIOL		
Colect ac ÔG 85 a 86 2 Corinthiaid 6. 1-10 Salm 98 Mathew 5. 38-42	Colect ac ÔG 85 a 86 2 Corinthiaid 8. 1-9 Salm 146 Mathew 5. 43-48	Colect ac ÔG 85 a 86 2 Corinthiaid 9. 6-11 Salm 112. 1-9 Mathew 6. 1-6. 16-18
Boreol Weddi		
Salm 44 Esra 1 Rhufeiniaid 9. 1-18	Salm 48, [52] Esra 3 Rhufeiniaid 9. 19-diwedd	Salm 119. 57-80 Esra 4. 1-5 Rhufeiniaid 10. 1-10
Hwyrol Weddi		
Salm 47, [49] Barnwyr 2 Luc 13. 1-9	Salm 50 Barnwyr 4. 1-23 Luc 13. 10-21	Salm 59, [60, 67] Barnwyr 5 Luc 13. 22-diwedd

Adfent 2022 - Y Deyrnas 2023

TRYDYDD GWASANAETH	AIL WASANAETH	Nodiadau
Salm 45 Deuteron. 10.12 – 11.1 Actau 23. 12-35	Salm [42;] 43 1 Samuel 21. 1-15 Luc 11. 14-28	LGG 1984 tudalen 160.
		† gweler tudalen 132.

Iau 22 Mehefin	Gwener 23 Mehefin	Genedigaeth Ioan Fedyddiwr Sadwrn 24 Mehefin
CYMUN DYDDIOL		
Colect ac ÔG 85 a 86 2 Corinthiaid 11. 1-11 Salm 111 Mathew 6. 7-15	Colect ac ÔG 85 a 86 2 Corinth. 11. 18, 21b-30 Salm 34 1-6 Mathew 6. 19-34	Colect ac ÔG 215 a 5 Eseia 40. 1-11 Salm 85. 5-12 Actau 13. 14b-2 neu Galatiaid 3. 23-29 Luc 1. 57-66, 80
Boreol Weddi		
Salm [56,] 57, [63] Esra 4. 7-diwedd Rhufeiniaid 10. 11-diwedd	Salm 51, [54] Esra 5 – diwedd 6 Rhufeiniaid 11. 1-24	Salm 50 Ecclesiasticus 48. 1-10 neu Malachi 3. 1-6 Luc 3. 1-17
Hwyrol Weddi		
Salm [61,] 62, [64] Barnwyr 6. 1-24 Luc 14. 1-11	Salm Barnwyr 6.25 – diwedd 7 Luc 14. 12-diwedd ... noswyl Ioan Fedyddiwr:	Salm 80; 82 Malachi 4 Mathew 11. 2-19
Salm 71; Barnwyr 13. 2-7, 24, 25; Luc 1. 5-25		

Blwyddyn A - Dyddiau'r Wythnos 1

Y TRYDYDD SUL *wedi'r* DRINDOD			(Priodau 7)
DYDDIAD	COLECT AC ÔG	PRIF WASANAETH	
Dydd Sul 25 Mehefin	87 a 88	*Parhaol:* Genesis 21. 8-21 Salm 86. 1-10, [16, 17] Rhufeiniaid 6. 1b-11 Mathew 10. 24-39	*neu Gysylltiedig:* Jeremeia 20. 7-13 Salm 69. 7-10, [11-15,] 16-18 *neu* 69. 13-18 Rhufeiniaid 6. 1b-11 Mathew 10. 24-39

Llun 26 Mehefin	Mawrth 27 Mehefin	Dydd Catgor † Mercher 28 Mehefin
CYMUN DYDDIOL		
Colect ac ÔG 87 a 88 Genesis 12. 1-9 Salm 33. 12-22 Mathew 7. 1-5	Colect ac ÔG 87 a 88 Genesis 13. 2, 5-18 Salm 15 Mathew 7. 6, 12-14	Colect ac ÔG 351 a 352 Set Catgor 1,2 *neu* 3 Gweler tudalen 150.
Boreol Weddi		
Salm 71 Esra 7 Rhufeiniaid 11. 25-diwedd	Salm 73 Esra 8. 15-diwedd Rhufeiniaid 12. 1-8	Salm 77 Esra 9; 10 1-17 Rhufeiniaid 12. 9-diwedd
Hwyrol Weddi		
Salm 72, [75] Barnwyr 8. 22-diwedd Luc 15. 1-10	Salm 74 Barnwyr 9. 1-21 Luc 15. 11-diwedd	Salm 119. 81-104 Barnwyr 9. 22-diwedd Luc 16. 1-18 *... noswyl Pedr neu Pedr a Paul*
	Am restr lawn o Ddarlleniadau gweler tudalen 132.	

Adfent 2022 - Y Deyrnas 2023

TRYDYDD GWASANAETH	AIL WASANAETH	Nodiadau
Salm 49 Deuteronomium 11. 1-15 Actau 27. 1-12	Salm 46; [48] 1 Samuel 24. 1-17 Luc 14. 12-24	LGG 1984 tudalen 162.
		† gweler tudalennau 132 a 133.

Pedr, Apostol *neu* Pedr a Paul, Apostolion Iau 29 Mehefin	Dydd Catgor † Gwener 30 Mehefin	Dydd Catgor † Sadwrn 1 Gorffennaf
CYMUN DYDDIOL		
Pedr *neu* Pedr a Paul: *Am restr lawn o Ddarlleniadau at Wasanaeth y Cymun gweler tudalen 133.*	Colect ac ÔG 351 a 352 Set Catgor 1,2 *neu* 3 Gweler tudalen 150.	Colect ac ÔG 351 a 352 Set Catgor 1,2 *neu* 3 Gweler tudalen 150.
Boreol Weddi		
Salm 71 Eseia 49. 1-6 Actau 11. 1-18	Salm 55 Nehemeia 1 Rhufeiniaid 13	Salm 76, [79] Nehemeia 2 Rhufeiniaid 14. 1-12
Hwyrol Weddi		
Salm 124; 138 Eseciel 34. 11-16 Ioan 21. 15-22	Salm 69 Barn. 11. 1-11, 29-diwedd Luc 16.19 – 17.10	Salm [81,] 84 Barnwyr 12. 1-7 Luc 17. 11-19

Y PEDWERYDD SUL *wedi'r* DRINDOD (Priodau 8)

DYDDIAD	COLECT AC ÔG	PRIF WASANAETH	
Dydd Sul 2 Gorffennaf	89 a 90	*Parhaol:* Genesis 22. 1-14 Salm 13 Rhufeiniaid 6. 12-23 Mathew 10. 40-42	*neu Gysylltiedig:* Jeremeia 28. 5-9 Salm 89. 1-4, 15-18 *neu* 89. 8-18 Rhufeiniaid 6. 12-23 Mathew 10. 40-42

Tomas, Apostol Llun 3 Gorffennaf	† Mawrth 4 Gorffennaf	Mercher 5 Gorffennaf
	CYMUN DYDDIOL	
Colect ac ÔG 221 a 110 Habacuc 2. 1-4 Salm 31. 1-5 Effesiaid 2. 19-22 Ioan 20. 24-29, [30, 31]	Colect ac ÔG 89 a 90 Genesis 19. 15-29 Salm 26 Mathew 8. 23-27	Colect ac ÔG 89 a 90 Genesis 21. 5, 8-20 Salm 34. 1-8 Mathew 8. 28-34
	Boreol Weddi	
Salm 92; 146 2 Samuel 15. 17-21 *neu* Ecclesiasticus 2 Ioan 11. 1-16	Salm [87,] 89. 1-18 Nehemeia 4 – *diwedd* 5 Rhufeiniaid 14.13 – 15.13	Salm 119. 105-128 Nehemeia 6.1 – 7.4 Rhufeiniaid 15. 14-21
	Hwyrol Weddi	
Salm 139 Job 42. 1-6 1 Pedr 1. 3-12	Salm 89.19-diwedd Barnwyr 13. 1-24; 14 Luc 17.20 – 18.14	Salm 91, [93] Barnwyr 15.1 – 16.3 Luc 18. 15-30

TRYDYDD GWASANAETH	AIL WASANAETH	Nodiadau
Salm 52; 53 Deuteronomium 15. 1-11 Actau 27. 13-44 [33-44]	Salm 50 *neu* 50. 1-15 1 Samuel 28. 3-19 Luc 17. 20-37	LGG 1984 tudalen 165.
		† gweler tudalen 134.

Hwyrol Weddi noswyl Tomos: Salm 27; Eseia 35; Hebreaid 10.35 – 11.1

† Iau 6 Gorffennaf	Gwener 7 Gorffennaf	Sadwrn 8 Gorffennaf
CYMUN DYDDIOL		
Colect ac ÔG 89 a 90 Genesis 22. 1-14 Salm 116. 1-9 Mathew 9. 1-8	Colect ac ÔG 89 a 90 Genesis 23. 1-4, 19; 24. 1-8, 62-67 Salm 106 1-5 Mathew 9. 9-13	Colect ac ÔG 89 a 90 Genesis 27. 1-9, 15-29 Salm 135. 1-6 Mathew 9. 14-17
Boreol Weddi		
Salm [90,] 92 Nehem. 7.73b – *diwedd* 8 Rhufeiniaid 15. 22-diwedd	Salm 88, [95] Nehemeia 9. 1-23 Rhufeiniaid 16. 1-16	Salm [96,] 97, [100] Nehemeia 9. 24-diwedd Rhufeiniaid 16. 17-diwedd
Hwyrol Weddi		
Salm 94 Barnwyr 16. 4-diwedd Luc 18. 31-diwedd	Salm 102 Barnwyr 17 Luc 19. 1-10	Salm 104 Barn. 18. 1-20, 27-diwedd Luc 19. 11-27

Y PUMED SUL wedi'r DRINDOD (Priodau 9)

DYDDIAD	COLECT AC ÔG	PRIF WASANAETH	
Dydd Sul 9 Gorffennaf	91 a 92	*Parhaol:* Genesis 24. 34-38, 42-49, 58-67 Salm 45. 10-17 *neu Gantigl:* Caniad Solomon 2. 8-13 Rhufeiniaid 7. 15-25a Mathew 11. 16-19, 25-30	*neu Gysylltiedig:* Sechareia 9. 9-12 Salm 145. 8-14 Rhufeiniaid 7. 15-25a Mathew 11. 16-19, 25-30

Llun 10 Gorffennaf	† Mawrth 11 Gorffennaf	Mercher 12 Gorffennaf
CYMUN DYDDIOL		
Colect ac ÔG 91 a 92 Genesis 28. 10-22 Salm 91. 1-6, 14-16 Mathew 9. 18-26	Colect ac ÔG 91 a 92 Genesis 32. 22-32 Salm 17. 1-8 Mathew 9. 32-38	Colect ac ÔG 91 a 92 Genesis 41. 55-57; 42. 5-7a, 17-24a Salm 33. 1-5, 18-22 Mathew 10. 1-7
Boreol Weddi		
Salm 98, [99, 101] Nehemeia 12. 27-47 2 Corinthiaid 1. 1-14	Salm [103,] 106 Nehemeia 13. 1-14 2 Corinthiaid 1.15 – 2.4	Salm [110,] 111, [112] Nehemeia 13. 15-diwedd 2 Corinthiaid 2. 5-diwedd
Hwyrol Weddi		
Salm [103] 105 1 Samuel 1. 1-20 Luc 19. 28-40	Salm 107 1 Samuel 1.21 – 2.11 Luc 19. 41-diwedd	Salm 119. 129-152 1 Samuel 2. 12-26 Luc 20. 1-8

TRYDYDD GWASANAETH	AIL WASANAETH	Nodiadau
Salm 55. 1-15, 18-22 Deuteronomium 24. 10-22 Actau 28. 1-16	Salm 56; [57] 2 Samuel 2. 1-11; 3.1 Luc 18.31 – 19.10	LGG 1984 tudalen 167.
		† gweler tudalen 134.

Iau 13 Gorffennaf	† Gwener 14 Gorffennaf	Sadwrn 15 Gorffennaf
CYMUN DYDDIOL		
Colect ac ÔG 91 a 92 Genesis 44.18 – 45.5 Salm 105. 7-22 Mathew 10. 7-15	Colect ac ÔG 91 a 92 Genesis 46. 1-7, 28-30 Salm 37. 3-6, 18-24 Mathew 10. 16-23	Colect ac ÔG 91 a 92 Genesis 49. 29-33 Salm 105. 1-7 Mathew 10. 24-33
Boreol Weddi		
Salm [113,] 115 Esther 1 2 Corinthiaid 3	Salm 139 Esther 2 2 Corinthiaid 4	Salm [120,] 121, [122] Esther 3 2 Corinthiaid 5
Hwyrol Weddi		
Salm [114,] 116, [117] 1 Samuel 2. 27-diwedd Luc 20. 9-19	Salm 130, [131, 137] 1 Samuel 3.1 – 4.1a Luc 20. 20-26	Salm 118 1 Samuel 4. 1b-diwedd Luc 20. 27-40

Blwyddyn A - Dyddiau'r Wythnos 1

Y CHWECHED SUL *wedi'r* DRINDOD		(Priodau 10)	
DYDDIAD	**COLECT AC ÔG**	**PRIF WASANAETH**	
Dydd Sul 16 Gorffennaf	93 a 94	*Parhaol:* Genesis 25. 19-34 Salm 119. 105-112 Rhufeiniaid 8. 1-11 Mathew 13. 1-9, 18-23	*neu Gysylltiedig:* Eseia 55. 10-13 Salm 65. [1-8,] 9-13 Rhufeiniaid 8. 1-11 Mathew 13. 1-9, 18-23

Llun 17 Gorffennaf	† Mawrth 18 Gorffennaf	† Mercher 19 Gorffennaf
CYMUN DYDDIOL		
Colect ac ÔG 93 a 94 Exodus 1. 8-14, 22 Salm 124 Mathew 10.34 – 11.1	Colect ac ÔG 93 a 94 Exodus 2. 1-15 Salm 69. 1, 2, 32-36 Mathew 11. 20-24	Colect ac ÔG 93 a 94 Exodus 3. 1-12 Salm 103. 1-7 Mathew 11. 25-27
Boreol Weddi		
Salm [123, 124, 125,] 126 Esther 4 2 Corinthiaid 6.1 – 7.1	Salm 132, [133] Esther 5 2 Corinthiaid 7. 2-diwedd	Salm 119. 153-diwedd Esther 6. 1-13 2 Corinthiaid 8. 1-15
Hwyrol Weddi		
Salm 127, [128, 129] 1 Samuel 5 Luc 20.41 – 21.4	Salm [134,] 135 1 Samuel 6. 1-16 Luc 21. 5-19	Salm 136 1 Samuel 7 Luc 21. 20-28

TRYDYDD GWASANAETH	AIL WASANAETH	Nodiadau
Salm 64; 65 Deuteronomium 28. 1-14 Actau 28. 17-30	Salm 60; [63] 2 Samuel 7. 18-29 Luc 19.41 – 20.8	LGG 1984 tudalen 170.
		† gweler tudalennau 134 a 135.

Iau 20 Gorffennaf	† Gwener 21 Gorffennaf	Mair Magdalen Sadwrn 22 Gorffennaf
CYMUN DYDDIOL		
Colect ac ÔG 93 a 94 Exodus 3. 13-20 Salm 105. 1-15 Mathew 11. 28-30	Colect ac ÔG 93 a 94 Exodus 11.10 – 12.14 Salm 116. 12-19 Mathew 12. 1-8	Colect ac ÔG 229 a 90 Caniad Solomon 3. 1-4 Salm 42. 1-8 2 Corinthiaid 5. 14-17 Ioan 20. 1, 2, 11-18
Boreol Weddi		
Salm 143, [146] Esther 6.14 – *diwedd* 7 2 Corinthiaid 8.16 – 9.5	Salm [142,] 144 Esther 8; 9. 20-28 2 Corinth. 9.6 – *diwedd* 10	Salm 63 Seffaneia 3. 14-20 Marc 15.40 – 16.7
Hwyrol Weddi		
Salm 138, [140, 141] 1 Samuel 8 Luc 21. 29-diwedd	Salm 145 1 Samuel 9. 1 – 10.1 Luc 22. 1-23 *... noswyl Mair Magdalen:*	Salm 30; 32 1 Samuel 16. 14-23 Luc 8. 1-3
	Salm 139; Eseia 25. 1-9; 2 Corinthiaid 1. 3-7	

Blwyddyn A - Dyddiau'r Wythnos 1

Y SEITHFED SUL *wedi'r* DRINDOD (Priodau 11)

DYDDIAD	COLECT AC ÔG	PRIF WASANAETH	
Dydd Sul 23 Gorffennaf (†)	95 a 96	*Parhaol:* Genesis 28. 10-19a Salm 139. 1-12, [23, 24] Rhufeiniaid 8. 12-25 Mathew 13. 24-30, 36-43	*neu Gysylltiedig:* Doethineb 12. 13, 16-19 *neu* Eseia 44. 6-8 Salm 86. 11-17 Rhufeiniaid 8. 12-25 Mathew 13. 24-30, 36-43

Llun 24 Gorffennaf	Iago, Apostol Mawrth 25 Gorffennaf	† Mercher 26 Gorffennaf
CYMUN DYDDIOL		
Colect ac ÔG 95 a 96 Exodus 14. 5-18 Salm 114 Mathew 12. 38-42	Colect ac ÔG 230 a 110 *Naill ai:* Jeremeia 45 Salm 126 Actau 11.27 – 12.2 Mathew 20. 20-28 *neu:* Actau 11.27 – 12.2 Salm 126 2 Corinthiaid 4. 7-15 Mathew 20. 20-28	Colect ac ÔG 95 a 96 Exodus 16. 1-5, 9-15 Salm 78. 18-29 Mathew 13. 1-9
Boreol Weddi		
Salm 1, [2, 3] Jeremeia 26; 28 2 Corinthiaid 11	Salm 7; 29 2 Brenhinoedd 1. 9-15 Luc 9. 46-56	Salm 119. 1-32 Jeremeia 29. 1-14 2 Corinthiaid 12
Hwyrol Weddi		
Salm 4, [7] 1 Samuel 10 Luc 22. 24-38 *... noswyl Iago:* *Salm 144; Deuteronomium 30. 11-20; Marc 5. 21-43*	Salm 94 Jeremeia 26. 1-15 Marc 1. 14-20	Salm 11, [12, 13] 1 Samuel 11 Luc 22. 39-46

Adfent 2022 - Y Deyrnas 2023

TRYDYDD GWASANAETH	AIL WASANAETH	Nodiadau
Salm 71 Deuteronomium 30. 1-10 1 Pedr 3. 8-18	Salm 67; [70] 1 Brenhinoedd 2. 10-12; 3. 16-28	LGG 1984 tudalen 172.
	Actau 4. 1-22 *Pan fo'r Ail Wasanaeth yn Gymun, defnyddir fel Efengyl:* **Marc 6. 30-34, 53-56**	† gweler tudalennau 135 a 136.

† Iau 27 Gorffennaf	† Gwener 28 Gorffennaf	† Sadwrn 29 Gorffennaf
CYMUN DYDDIOL		
Colect ac ÔG 95 a 96 Exodus 19. 1-20 Salm 24. 1-6 Mathew 13. 10-17	Colect ac ÔG 95 a 96 Exodus 20. 1-17 Salm 19. 7-10 Mathew 13. 18-23	Colect ac ÔG 95 a 96 Exodus 24. 3-8 Salm 50. 1-15 Mathew 13. 24-30
Boreol Weddi		
Salm [14,] 15, [16] Jeremeia 30. 1-11 2 Corinthiaid 13	Salm [17,] 19 Jeremeia 30. 12-22 Iago 1. 1-11	Salm [20, 21,] 23 Jeremeia 31. 1-22 Iago 1. 12-diwedd
Hwyrol Weddi		
Salm 18 1 Samuel 12 Luc 22. 47-62	Salm 22 1 Samuel 13. 5-18 Luc 22. 63-diwedd	Salm 24, [25] 1 Samuel 13.19 – 14.15 Luc 23. 1-12

Y WYTHFED SUL wedi'r DRINDOD (Priodau 12)

DYDDIAD	COLECT AC ÔG	PRIF WASANAETH	
Dydd Sul 30 Gorffennaf (†)	97 a 98	*Parhaol:* Genesis 29. 15-28 Salm 105. 1-11, [45b]; *neu* Salm 128 Rhufeiniaid 8. 26-39 Mathew 13. 31-33, 44-52	*neu Gysylltiedig* 1 Brenhinoedd 3. 5-12 Salm 119. 129-136 Rhufeiniaid 8. 26-39 Mathew 13. 31-33, 44-52

† Llun 31 Gorffennaf	Mawrth 1 Awst	Mercher 2 Awst
CYMUN DYDDIOL		
Colect ac ÔG 97 a 98 Exodus 32. 15-24, 30-34 Salm 106. 19-23 Mathew 13. 31-35	Colect ac ÔG 97 a 98 Exodus 33. 7-11; 34. 5-10, 27, 28 Salm 103. 1-13 Mathew 13. 36-43	Colect ac ÔG 97 a 98 Exodus 34. 29-35 Salm 99 Mathew 13. 44-46
Boreol Weddi		
Salm [27,] 30 Jeremeia 31. 23-25, 27-37 Iago 2. 1-13	Salm [32,] 36 Jeremeia 32. 1-15 Iago 2. 14-diwedd	Salm 34 Jeremeia 33. 1-13 Iago 3
Hwyrol Weddi		
Salm [26,] 28, [29] 1 Samuel 14. 24-46 Luc 23. 13-25	Salm 33 1 Samuel 15. 1-23 Luc 23. 26-43	Salm 119. 33-56 Samuel 16 Luc 23. 44-56a

Adfent 2022 - Y Deyrnas 2023

TRYDYDD GWASANAETH	AIL WASANAETH	Nodiadau
Salm 77 Caniad Solomon 2 *neu* 1 Macabeaid 2. [1-14,] 15-22 1 Pedr 4. 7-14	Salm 75; [76] 1 Brenhinoedd 6. 11-14, 23-38 Actau 12. 1-17 *Pan fo'r Ail Wasanaeth yn Gymun, defnyddir fel Efengyl:* **Ioan 6. 1-21**	LGG 1984 tudalen 174.
		† gweler tudalen 136.

	† Iau 3 Awst	Gwener 4 Awst	† Sadwrn 5 Awst
	CYMUN DYDDIOL		
	Colect ac ÔG 97 a 98 Exodus 40. 16-21, 34-38 Salm 84 Mathew 13. 47-53	Colect ac ÔG 97 a 98 Lefiticus 23. 1-11, 26-38 Salm 81. 1-10 Mathew 13. 54-58	Colect ac ÔG 97 a 98 Lefiticus 25. 1, 8-17 Salm 67 Mathew 14. 1-12
	Boreol Weddi		
	Salm 37 Jeremeia 33. 14-diwedd Iago 4. 1-12	Salm 31 Jeremeia 35 Iago 4.13 – 5.6	Salm [41,] 42, [43] Jeremeia 36. 1-18 Iago 5. 7-diwedd
	Hwyrol Weddi		
	Salm [39,] 40 1 Samuel 17. 1-30 Luc 23.56b – 24.12	Salm 35 1 Samuel 17. 31-54 Luc 24. 13-35	Salm [45,] 46 1 Samuel 17.55 – 18.16 Luc 24. 36-diwedd *... noswyl Y Gweddnewidiad:* *Salm 99; 110; Exodus 24. 12-18; Ioan 12. 27-36a*

Blwyddyn A - Dyddiau'r Wythnos 1

GWEDDNEWIDIAD EIN HARGLWYDD		
DYDDIAD	**COLECT AC ÔG**	**PRIF WASANAETH**
Dydd Sul 6 Awst	239 a 38	Daniel 7. 9, 10, 13, 14 Salm 97 2 Pedr 1. 16-19 Luc 9. 28-36

Llun 7 Awst	† Mawrth 8 Awst	† Mercher 9 Awst
CYMUN DYDDIOL		
Colect ac ÔG 99 a 100 Numeri 11. 4-15 Salm 81. 10-16 Mathew 14. 22-36	Colect ac ÔG 99 a 100 Numeri 12. 1-17 Salm 51. 1-11 Mathew 15. 1, 2, 10-14	Colect ac ÔG 99 a 100 Numeri 13. 1, 2, 25 – 14.1, 26-35 Salm 106. 6-14, 21-23 Mathew 15. 21-28
Boreol Weddi		
Salm 44 Jeremeia 36. 19-diwedd Marc 1. 1-13	Salm 48, [52] Jeremeia 37 Marc 1. 14-20	Salm 119. 57-80 Jeremeia 38. 1-13 Marc 1. 21-28
Hwyrol Weddi		
Salm 47, [49] 1 Samuel 19. 1-18 Actau 1. 1-14	Salm 50 1 Samuel 20. 1-17 Actau 1. 15-diwedd	Salm 59, [60, 67] 1 Samuel 20. 18-diwedd Actau 2. 1-21

Adfent 2022 - Y Deyrnas 2023

TRYDYDD GWASANAETH	AIL WASANAETH	Nodiadau
Salm 27 Ecclesiasticus 48. 1-10 *neu* 1 Brenhinoedd 19. 1-16 1 Ioan 3. 1-3	Salm 72 Exodus 34. 29-35 2 Corinthiaid 3	LGG 1984 tudalen 262.
		† gweler tudalennau 137 a 138.

† Iau 10 Awst	† Gwener 11 Awst	† Sadwrn 12 Awst
CYMUN DYDDIOL		
Colect ac ÔG 99 a 100 Numeri 20. 1-13 Salm 95. 1-9 Mathew 16. 13-23	Colect ac ÔG 99 a 100 Deuteronomium 4. 32-40 Salm 77. 11-20 Mathew 16. 24-28	Colect ac ÔG 99 a 100 Deuteronomium 6. 4-13 Salm 18. 1, 2, 46-50 Mathew 17. 14-20
Boreol Weddi		
Salm [56,] 57, [63] Jeremeia 38. 14-diwedd Marc 1. 29-diwedd	Salm 51, [54] Jeremeia 39 Marc 2. 1-12	Salm 68 Jeremeia 40 Marc 2. 13-22
Hwyrol Weddi		
Salm [61,] 62, [64] 1 Samuel 21.1 – 22.5 Actau 2. 22-36	Salm 38 1 Samuel 22. 6-diwedd Actau 2. 37-diwedd	Salm [65,] 66 1 Samuel 23 Actau 3. 1-10

Blwyddyn A - Dyddiau'r Wythnos 1

Y DEGFED SUL *wedi'r* DRINDOD (Priodau 14)

DYDDIAD	COLECT AC ÔG	PRIF WASANAETH	
Dydd Sul 13 Awst (†)	101 a 102	*Parhaol:* Genesis 37. 1-4, 12-28 Salm 105. 1-6, 16-22, 45b *neu* 105. 1-10 Rhufeiniaid 10. 5-15 Mathew 14. 22-33	*neu Gysylltiedig:* 1 Brenhinoedd 19. 9-18 Salm 85. 8-13 Rhufeiniaid 10. 5-15 Mathew 14. 22-33

† Llun 14 Awst	Mair, Mam Ein Harglwydd Mawrth 15 Awst	Mercher 16 Awst
CYMUN DYDDIOL		
Colect ac ÔG 101 a 102 Deuteronomium 10. 12-22 Salm 148 Mathew 17. 22-27	Colect ac ÔG 249 a 8 Eseia 6. 1, 10-11 *neu* Datguddiad 11.19 – 12.6, 10 Salm 45. 10-17 Galatiaid 4. 4-7 Luc 1. 46-55	Colect ac ÔG 101 a 102 Deuteronomium 34. 1-12 Salm 66. 1-9 Mathew 18. 1-5, 10, 12-20
Boreol Weddi		
Salm 71 Jeremeia 41 – *diwedd* 42 Marc 2.23 – 3.19a	Salm 98; 138 Eseia 7. 10-15 Luc 11. 27, 28	Salm 77 Jeremeia 43 Marc 3. 19b-diwedd
Hwyrol Weddi		
Salm 72, [75] 1 Samuel 24; 26 Actau 3.11 – 4.12 ... *noswyl Fair:* Salm 72; Diarhebion 8. 22-31; Ioan 19. 23-27	Salm 132 Caniad Solomon 2. 1-7 Actau 1. 6-14	Salm 119. 81-104 1 Samuel 28. 3-diwedd Actau 4. 13-31

TRYDYDD GWASANAETH	AIL WASANAETH	Nodiadau
Salm 88	Salm 86	LGG 1984 tudalen 178.
Caniad Solomon 8. 5-7 *neu* 1 Macabeaid 14. 4-15	1 Brenhinoedd 11. 41 – 12.20	
2 Pedr 3. 8-13	Actau 14. 8-20	† gweler tudalen 138.
	Pan fo'r Ail Wasanaeth yn Gymun, defnyddir fel Efengyl: **Ioan 6. 35, 41-51**	

Iau 17 Awst	Gwener 18 Awst	Sadwrn 19 Awst
\multicolumn{3}{c}{**CYMUN DYDDIOL**}		
Colect ac ÔG 101 a 102	Colect ac ÔG 101 a 102	Colect ac ÔG 101 a 102
Josua 3. 7-17	Josua 24. 1-13	Josua 24. 14-29
Salm 114	Salm 136. 1-3, 15-21	Salm 16. 1, 5-11
Mathew 18.21 – 19.1	Mathew 19. 3-12	Mathew 19. 13-15
\multicolumn{3}{c}{**Boreol Weddi**}		
Salm 78. 1-39	Salm 55	Salm 76, [79]
Jeremeia 44. 1-14	Jeremeia 44. 15-diwedd	Jeremeia 45
Marc 4. 1-20	Marc 4. 21-34	Marc 4. 35-diwedd
\multicolumn{3}{c}{**Hwyrol Weddi**}		
Salm 78. 40-diwedd	Salm 69	Salm [81,] 84
1 Samuel 31	2 Samuel 1	2 Samuel 2. 1-11
Actau 4.32 – 5.11	Actau 5. 12-26	Actau 5. 27-diwedd

YR UNFED SUL AR DEGDEG *wedi'r* DRINDOD (Priodau 15)

DYDDIAD	COLECT AC ÔG	PRIF WASANAETH	
Dydd Sul 20 Awst (†)	103 a 104	*Parhaol:* Genesis 45. 1-15 Salm 133 Rhufeiniaid 11. 1-2a, 29-32 Mathew 15. [10-20,] 21-28	*neu Gysylltiedig:* Eseia 56. 1, 6-8 Salm 67 Rhufeiniaid 11. 1-2a, 29-32 Mathew 15. [10-20,] 21-28

Llun 21 Awst	Mawrth 22 Awst	† Mercher 23 Awst
CYMUN DYDDIOL		
Colect ac ÔG 103 a 104 Barnwyr 2. 11-19 Salm 51. 1-9 Mathew 19. 16-22	Colect ac ÔG 103 a 104 Barnwyr 5. 11-24a Salm 85. 8-13 Mathew 19. 23-30	Colect ac ÔG 103 a 104 Barnwyr 9. 6-15 Salm 21. 1-7 Mathew 20. 1-16a
Boreol Weddi		
Salm 80, [82] Micha 1. 1-9 Marc 5. 1-20	Salm [87,] 89. 1-18 Micha 2 Marc 5. 21-34	Salm 119. 105-128 Micha 3 Marc 5. 35-diwedd
Hwyrol Weddi		
Salm [85,] 86 2 Samuel 3. 12-diwedd Actau 6	Salm 89. 19-diwedd 2 Samuel 5. 1-12 Actau 7. 1-16	Salm 91, [93] 2 Samuel 6. 1-19 Actau 7. 17-43 *... noswyl Bartholomeus:* *Salm 97; Eseia 61. 1-9; 2 Corinthiaid 6. 1-10*

Adfent 2022 - Y Deyrnas 2023

TRYDYDD GWASANAETH	AIL WASANAETH	Nodiadau
Salm 92	Salm 90 *neu* 90. 1-12	LGG 1984 tudalen 180.
Jona 1 *neu* Ecclesiasticus 3. 1-15	2 Brenhinoedd 4. 1-37	† gweler tudalennau 138 a 139.
	Actau 16. 1-15	
2 Pedr 3. 14-18	*Pan fo'r Ail Wasanaeth yn Gymun, defnyddir fel Efengyl:* Ioan 6. 51-58	

Bartholomeus, Apostol Iau 24 Awst	Gwener 25 Awst	Sadwrn 26 Awst
CYMUN DYDDIOL		
Colect ac ÔG 252 a 110 *Naill ai* Eseia 43. 8-13 Salm 145. 1-7 Actau 5. 12-16 Luc 22. 24-30 *neu* Actau 5. 12-16 Salm 145. 1-7 1 Corinthiaid 4. 9-15 Luc 22. 24-30	Colect ac ÔG 103 a 104 Ruth 1. 1-22 Salm 146 Mathew 22. 34-40	Colect ac ÔG 103 a 104 Ruth 2. 1-11; 4. 13-17 Salm 128 Mathew 23. 1-12
Boreol Weddi		
Salm 86 Genesis 28. 10-17 Ioan 1. 43-51	Salm 88, [95] Micha 4.1 – *diwedd* 5 Marc 6. 1-29	Salm [96,] 97, [100] Micha 6 Marc 6. 30-44
Hwyrol Weddi		
Salm 91; 116 Ecclesiasticus 39. 1-10 *neu* Deuteronomium 18. 15-19 Mathew 10. 1-22	Salm 102 2 Samuel 7 Actau 7.44 – 8.3	Salm 104 2 Samuel 9 Actau 8. 4-25

Y DEUDDEGFED SUL *wedi'r* DRINDOD			(Priodau 16)
DYDDIAD	COLECT AC ÔG	PRIF WASANAETH	
Dydd Sul 27 Awst (†)	105 a 106	*Parhaol:* Exodus 1.8 - 2.10 Salm 124 Rhufeiniaid 12. 1-8 Mathew 16. 13-20	*neu Gysylltiedig:* Eseia 51. 1-6 Salm 138 Rhufeiniaid 12. 1-8 Mathew 16. 13-20

† Llun 28 Awst	† Mawrth 29 Awst	Mercher 30 Awst
CYMUN DYDDIOL		
Colect ac ÔG 105 a 106 1 Thesaloniaid 1. 1-10 Salm 149. 1-5 Mathew 23. 13-22	Colect ac ÔG 105 a 106 1 Thesaloniaid 2. 1-8 Salm 139. 1-10 Mathew 23. 23-26	Colect ac ÔG 105 a 106 1 Thesaloniaid 2. 9-13 Salm 126 Mathew 23. 27-32
Boreol Weddi		
Salm 98, [99, 101] Micha 7. 1-7 Marc 6. 45-diwedd	Salm 106, [103] Micha 7. 8-diwedd Marc 7. 1-13	Salm [110,] 111, [112] Habacuc 1. 1-11 Marc 7. 14-23
Hwyrol Weddi		
Salm 105, [103] 2 Samuel 11 Actau 8. 26-diwedd	Salm 107 2 Samuel 12. 1-25 Actau 9. 1-19a	Salm 119. 129-152 2 Samuel 15. 1-12 Actau 9. 19b-31

TRYDYDD GWASANAETH	AIL WASANAETH	Nodiadau
Salm 104. 1-25	Salm 95	LGG 1984 tudalen 183.
Jona 2 *neu* Ecclesiasticus 3. 17-29	2 Brenhinoedd 6. 8-23	
Datguddiad 1	Actau 17. 15-34	
	Pan fo'r Ail Wasanaeth yn Gymun, defnyddir fel Efengyl: **Ioan 6. 56-69**	† gweler tudalennau 139 a 140.

† Iau 31 Awst	Gwener 1 Medi	† Sadwrn 2 Medi
CYMUN DYDDIOL		
Colect ac ÔG 105 a 106	Colect ac ÔG 105 a 106	Colect ac ÔG 105 a 106
1 Thesaloniaid 3. 6-13	1 Thesaloniaid 4. 1-8	1 Thesaloniaid 4. 9-12
Salm 90. 13-17	Salm 97	Salm 98
Mathew 24. 42-51	Mathew 25. 1-13	Mathew 25. 14-30
Boreol Weddi		
Salm [113,] 115	Salm 139	Salm [120,] 121, [122]
Habacuc 1.12 – 2.5	Habacuc 2. 6-diwedd	Habacuc 3. 2-19a
Marc 7. 24-30	Marc 7. 31-diwedd	Marc 8. 1-10
Hwyrol Weddi		
Salm [114], 116, [117]	Salm 130, [131, 137]	Salm 118
2 Samuel 15. 13-diwedd	2 Samuel 16. 1-14	2 Samuel 17. 1-23
Actau 9. 32-diwedd	Actau 10. 1-16	Actau 10. 17-33

Blwyddyn A - Dyddiau'r Wythnos 1

Y TRYDYDD SUL AR DDEG wedi'r DRINDOD (Priodau 17)

DYDDIAD	COLECT AC ÔG	PRIF WASANAETH	
Dydd Sul 3 Medi (†)	107 a 108	*Parhaol:* Exodus 3. 1-15 Salm 105. 1-6, 23-26, 45c *neu* Salm 115 Rhufeiniaid 12. 9-21 Mathew 16. 21-28	*neu Gysylltiedig:* Jeremeia 15. 15-21 Salm 26. 1-8 Rhufeiniaid 12. 9-21 Mathew 16. 21-28

Llun 4 Medi	Mawrth 5 Medi	Mercher 6 Medi
\multicolumn{3}{CYMUN DYDDIOL}		
Colect ac ÔG 107 a 108 1 Thesaloniaid 4. 13-18 Salm 96 Luc 4. 16-30	Colect ac ÔG 107 a 108 1 Thesaloniaid 5. 1-11 Salm 27. 1-4, 13, 14 Luc 4. 31-37	Colect ac ÔG 107 a 108 Colosiaid 1. 1-8 Salm 34. 9-22 Luc 4. 38-44
	Boreol Weddi	
Salm [123, 124, 125,] 126 Haggai 1. 1-11 Marc 8. 11-21	Salm 132, [133] Haggai 1.12 – 2.9 Marc 8. 22-26	Salm 119.153-diwedd Haggai 2. 10-diwedd Marc 8. 27 – 9.1
	Hwyrol Weddi	
Salm 127, [128, 129] 2 Samuel 18. 1-18 Actau 10. 34-diwedd	Salm [134,] 135 2 Samuel 18.19 – 19.8a Actau 11. 1-18	Salm 136 2 Samuel 19. 8b-23 Actau 11. 19-diwedd

Adfent 2022 - Y Deyrnas 2023

TRYDYDD GWASANAETH	AIL WASANAETH	Nodiadau
Salm 107. 1-32	Salm 105. 1-15	LGG 1984 tudalen 185.
Jona 3. 1-9 *neu* Ecclesiasticus 11. 7-18, [19-28]	2 Brenhinoedd 6. 24-25; 7. 3-20	
Datguddiad 3. 14-22	Actau 18. 1-16	† gweler tudalen 140.
	Pan fo'r Ail Wasanaeth yn Gymun, defnyddir fel Efengyl: Marc 7. 1-8, 14, 15, 21-23	

Iau 7 Medi	† Gwener 8 Medi	Sadwrn 9 Medi
CYMUN DYDDIOL		
Colect ac ÔG 107 a 108	Colect ac ÔG 107 a 108	Colect ac ÔG 107 a 108
Colosiaid 1. 9-14	Colosiaid 1. 15-20	Colosiaid 1. 21-23
Salm 98	Salm 100	Salm 54
Luc 5. 1-11	Luc 5. 33-39	Luc 6. 1-5
Boreol Weddi		
Salm 143, [146]	Salm [142,] 144	Salm 147
Sechareia 1. 1-17	Sechareia 1.18 – *diwedd* 2	Sechareia 3
Marc 9. 2-13	Marc 9. 14-29	Marc 9. 30-37
Hwyrol Weddi		
Salm 138, [140, 141]	Salm 145	Salm 148, [149, 150]
2 Samuel 19. 24-diwedd	2 Samuel 23. 1-7	2 Samuel 24
Actau 12. 1-17	Actau 12. 18-diwedd	Actau 13. 1-12

Blwyddyn A - Dyddiau'r Wythnos 1

Y PEDWERYDD SUL AR DDEG *wedi'r* DRINDOD			(Priodau 18)
DYDDIAD	COLECT AC ÔG	PRIF WASANAETH	
Dydd Sul 10 Medi (†)	109 a 110	*Parhaol:* Exodus 12. 1-14 Salm 149 Rhufeiniaid 13. 8-14 Mathew 18. 15-20	*neu Gysylltiedig:* Eseciel 33. 7-11 Salm 119. 33-40 Rhufeiniaid 13. 8-14 Mathew 18. 15-20

† Llun 11 Medi	Mawrth 12 Medi	† Mercher 13 Medi
CYMUN DYDDIOL		
Colect ac ÔG 109 a 110 Colosiaid 1.24 – 2.3 Salm 62. 1-7 Luc 6. 6-11	Colect ac ÔG 109 a 110 Colosiaid 2. 6-15 Salm 145. 1-9 Luc 6. 12-19	Colect ac ÔG 109 a 110 Colosiaid 3. 1-17 Salm 145. 10-13 Luc 6. 20-38
Boreol Weddi		
Salm 1, [2, 3] Sechareia 4 Marc 9. 38-diwedd	Salm 5, [6, 8] Sechareia 6. 9-diwedd Marc 10. 1-16	Salm 119.1-32 Sechareia 7 Marc 10. 17-31
Hwyrol Weddi		
Salm 4, [7] 1 Brenhinoedd 1. 5-31 Actau 13. 13-43	Salm 9, [10] 1 Brenhinoedd 1. 32 – 2.4, 10-12 Actau 13.44 – 14.7	Salm 11, [12, 13] 1 Brenhinoedd 3 Actau 14 .8-diwedd *... noswyl Gŵyl y Grog:* *Salm 66; Eseia 52.13 – 53.12; Effesiaid 2. 11-22*

Adfent 2022 - Y Deyrnas 2023

TRYDYDD GWASANAETH	AIL WASANAETH	Nodiadau
Salm 119. 17-32 Jona 3.10 – 4.11 *neu* Ecclesiasticus 27. 30 – 28.9 Datguddiad 8. 1-5	Salm 108; [115] Eseciel 12.21 – 13.16 Actau 19. 1-20 *Pan fo'r Ail Wasanaeth yn Gymun, defnyddir fel Efengyl:* **Marc 7. 24-37**	LGG 1984 tudalen 187.
		† gweler tudalennau 140 a 141.

Gŵyl y Grog Iau 14 Medi	Gwener 15 Medi	† Sadwrn 16 Medi
CYMUN DYDDIOL		
Colect ac ÔG 265 a 54 Numeri 21. 4-9 Salm 22. 23-28 Philipiaid 2. 6-11 Ioan 3. 13-17	Colect ac ÔG 109 a 110 1 Timotheus 1. 1, 2, 12-14 Salm 16 Luc 6. 39-42	Colect ac ÔG 109 a 110 1 Timotheus 1. 15-17 Salm 113 Luc 6. 43-49
Boreol Weddi		
Salm 2; 8 Genesis 3. 1-15 Ioan 12. 27-36a	Salm [17,] 19 Sechareia 8 Marc 10. 32-45	Salm [20, 21,] 23 Sechareia 9. 1-12 Marc 10. 46-diwedd
Hwyrol Weddi		
Salm 110; 150 Eseia 63. 1-16 1 Corinthiaid 1. 18-25	Salm 22 1 Brenhinoedd 4. 29 – 5.12; 6. 1, 11-28 Actau 15. 1-35	Salm 24, [25] 1 Brenhinoedd 8. 1-30 Actau 15.36 – 16.5

Y PYMTHEGFED SUL *wedi'r* DRINDOD (Priodau 19)

DYDDIAD	COLECT AC ÔG	PRIF WASANAETH	
Dydd Sul 17 Medi	111 a 112	*Parhaol:* Exodus 14. 19-31 Salm 114 *neu Gantigl:* Exodus 15. 1b-11, 21 Rhufeiniaid 14. 1-12 Mathew 18. 21-35	*neu Gysylltiedig:* Genesis 50. 15-21 Salm 103. [1-7,] 8-13 Rhufeiniaid 14. 1-12 Mathew 18. 21-35

Llun 18 Medi	Mawrth 19 Medi	† Mercher 20 Medi
CYMUN DYDDIOL		
Colect ac ÔG 111 a 112 1 Timotheus 2. 1-8 Salm 28 Luc 7. 1-10	Colect ac ÔG 111 a 112 1 Timotheus 3. 1-13 Salm 101 Luc 7. 11-17	Colect ac ÔG 111 a 112 1 Timotheus 3. 14-16 Salm 111. 1-6 Luc 7. 31-35
Boreol Weddi		
Salm [27,] 30 Sechareia 10 Marc 11. 1-11	Salm [32,] 36 Sechareia 11. 4-diwedd Marc 11. 12-26	Salm 34 Sechareia 12. 1-10 Marc 11. 27-diwedd
Hwyrol Weddi		
Salm [26,] 28, [29] 1 Brenhinoedd 8. 31-62 Actau 16. 6-24	Salm 33 1 Brenhinoedd 8.63 – 9.9 Actau 16. 25-diwedd	Salm 119. 33-56 1 Brenhinoedd 10. 1-25 Actau 17. 1-15 *... noswyl Mathew:*
	Salm 34; Eseia 33. 13-17; Mathew 6. 19-34		

Adfent 2022 - Y Deyrnas 2023

TRYDYDD GWASANAETH	AIL WASANAETH	Nodiadau
Salm 119. 65-88	Salm 119. 41-48, [49-64]	LGG 1984 tudalen 190.
Eseia 44.24 – 45.8	Eseciel 20. 1-8, 33-44	
Datguddiad 12. 1-12	Actau 20. 17-38	
	Pan fo'r Ail Wasanaeth yn Gymun, defnyddir fel Efengyl: **Marc 8. 27-38**	† gweler tudalen 141.

Mathew, Apostol ac Efengylwr Iau 21 Medi	Gwener 22 Medi	Sadwrn 23 Medi
CYMUN DYDDIOL		
Colect ac ÔG 268 a 127	Colect ac ÔG 111 a 112	Colect ac ÔG 111 a 112
Diarhebion 3. 13-18	1 Timotheus 6. 1-12	1 Timotheus 6. 13-16
Salm 119. 65-72	Salm 49. 1-9	Salm 100
2 Corinthiaid 4. 1-6	Luc 8. 1-3	Luc 8. 4-15
Mathew 9. 9-13		
Boreol Weddi		
Salm 49	Salm 31	Salm [41,] 42, [43]
1 Brenhinoedd 19. 15-21	Sechareia 13; 14. 1-11	Sechareia 14. 12-diwedd
2 Timotheus 3. 14-17	Marc 12. 1-17	Marc 12. 18-27
Hwyrol Weddi		
Salm 119. 33-40, 89-96	Salm 35	Salm [45,] 46
Pregethwr 5. 4-12	1 Brenhinoedd 11. 1-13, 26-diwedd	1 Brenhinoedd 12. 1-24
Mathew 19. 16-30	Actau 17.16 – 18.21	Actau 18.22 – 19.7

Blwyddyn A - Dyddiau'r Wythnos 1

YR UNFED SUL AR BYMTHEG wedi'r DRINDOD (Priodau 20)

DYDDIAD	COLECT AC ÔG	PRIF WASANAETH	
Dydd Sul 24 Medi (†)	113 a 114	*Parhaol:* Exodus 16. 2-15 Salm 105. [1-6,] 37-45 Philipiaid 1. 21-30 Mathew 20. 1-16	*neu Gysylltiedig:* Jona 3.10 – 4.11 Salm 145. 1-8 Philipiaid 1. 21-30 Mathew 20. 1-16

† Llun 25 Medi	† Mawrth 26 Medi	Dydd Catgor † Mercher 27 Medi
CYMUN DYDDIOL		
Colect ac ÔG 113 a 114 Esra 1. 1-6 Salm 126 Luc 8. 16-18	Colect ac ÔG 113 a 114 Esra 6. 1-8, 12-19 Salm 124 Luc 8. 19-21	Colect ac ÔG 351 a 352 Set Catgor 1,2 *neu* 3 Gweler tudalen 150.
Boreol Weddi		
Salm 44 Ecclesiasticus 1. 1-10 *neu* Eseciel 1. 1-14 Marc 12. 28-34	Salm 48, [52] Eccles'cus 1. 11-diwedd *neu* Eseciel 1.15 – 2.2 Marc 12. 35-diwedd	Salm 119. 57-80 Ecclesiasticus 2 *neu* Eseciel 2.3 – 3.11 Marc 13. 1-13
Hwyrol Weddi		
Salm 47, [49] 1 Brenhin. 12.25 – 13.10 Actau 19. 8-20	Salm 50 1 Brenhin. 13. 11-diwedd Actau 19. 21-diwedd	Salm 59, [60, 67] 1 Brenhinoedd 17 Actau 20. 1-16

Adfent 2022 - Y Deyrnas 2023

TRYDYDD GWASANAETH	AIL WASANAETH	Nodiadau
Salm 119. 153-176 Eseia 45. 9-22 Datguddiad 14. 1-5	Salm 119. 113-136 *neu* 119. 121-128 Eseciel 33. 23, 30 – 34.10 Actau 26. 1, 9-25	LGG 1984 tudalen 192. † gweler tudalennau 141 a 142. *Pan fo'r Ail Wasanaeth yn Gymun, defnyddir fel Efengyl:* **Marc 9. 30-37**

Iau 28 Medi	Mihangel a'r Holl Angylion Gwener 29 Medi	Dydd Catgor † Sadwrn 30 Medi
CYMUN DYDDIOL		
Colect ac ÔG 113 a 114 Haggai 1. 1-8 Salm 149. 1-5 Luc 9. 7-9	Colect ac ÔG 272 a 273 *Naill ai* Genesis 28. 10-17 Salm 103. 19-22 Datguddiad 12. 7-12 Ioan 1. 47-51 *neu* Datguddiad 12. 7-12 Salm 103. 19-22 Hebreaid 1. 5-14 Ioan 1. 47-51	Colect ac ÔG 351 a 352 Set Catgor 1,2 *neu* 3 Gweler tudalen 150.
Boreol Weddi		
Salm [56,] 57, [63] Ecclesiasticus 3. 17-29 *neu* Eseciel 3. 12-diwedd Marc 13. 14-23	Salm 34 Tobit 12. 6-22 *neu* Daniel 12. 1-4 Actau 12. 1-11	Salm 68 Ecclesiasticus 4.11 – 6.1 *neu* Eseciel 8 – *diwedd* 9 Marc 13. 24-diwedd
Hwyrol Weddi		
Salm [61,] 62, [64] 1 Brenhinoedd 18. 1-20 Actau 20. 17-diwedd *… noswyl Mihangel:* Salm 91; 2 Brenhinoedd 6. 8-17; Mathew 18.1-6, 10	Salm 138; 148 Daniel 10. 4-21 Datguddiad 5	Salm [65,] 66 1 Brenhinoedd 18. 21 – *diwedd* 19 Actau 21. 1-36

Blwyddyn A - Dyddiau'r Wythnos 1

YR AIL SUL AR BYMTHEG wed'r DRINDOD (Priodau 21)

DYDDIAD	COLECT AC ÔG	PRIF WASANAETH	
Dydd Sul 1 Hydref	115 a 116	*Parhaol:* Exodus 17. 1-7 Salm 78. 1-4, 12-16 *neu* 78. 1-7 Philipiaid 2. 1-13 Mathew 21. 23-32	*neu Gysylltiedig:* Eseciel 18. 1-4, 25-32 Salm 25. 1-9 Philipiaid 2. 1-13 Mathew 21. 23-32

Llun 2 Hydref	Mawrth 3 Hydref	† Mercher 4 Hydref
CYMUN DYDDIOL		
Colect ac ÔG 115 a 116 Sechareia 8. 1-8 Salm 102. 11-22 Luc 9. 46-50	Colect ac ÔG 115 a 116 Sechareia 8. 20-23 Salm 87 Luc 9. 51-56	Colect ac ÔG 115 a 116 Nehemeia 2. 1-8 Salm 137. 1-6 Luc 9. 57-62
Boreol Weddi		
Salm 71 Eccles'cus 6. 14-diwedd *neu* Eseciel 10. 1-19 Marc 14. 1-11	Salm 73 Eccles'cus 7. 27-diwedd *neu* Eseciel 11. 14-diwedd Marc 14. 12-25	Salm 77 Eccles'cus 10 .6-8, 12-24 *neu* Eseciel 12. 1-16 Marc 14. 26-42
Hwyrol Weddi		
Salm 72, [75] 1 Brenhinoedd 21 Actau 21.37 – 22.21	Salm 74 1 Brenhinoedd 22. 1-28 Actau 22.22 – 23.11	Salm 119. 81-104 1 Brenhinoedd 22. 29-45 Actau 23. 12-diwedd

TRYDYDD GWASANAETH	AIL WASANAETH	Nodiadau
Salm 125; 126; 127	Salm [120; 123;] 124	LGG 1984 tudalen 194.
Eseia 48. 12-21	Eseciel 37. 15-28	† gweler tudalen 142.
Luc 11. 37-54	1 Ioan 2. 22-29	
	Pan fo'r Ail Wasanaeth yn Gymun, defnyddir fel Efengyl: **Marc 9. 38-50**	
Diolchgarwch am y Cynhaeaf (yn draddodiadol oddeutu'r Sul Cyntaf ym mis Hydref). Gellir defnyddio'r darlleniadau yn y Cymun neu mewn gwasanaethau eraill. Gweler tudalen 151.		

Iau 5 Hydref	† Gwener 6 Hydref	Sadwrn 7 Hydref
CYMUN DYDDIOL		
Colect ac ÔG 115 a 116	Colect ac ÔG 115 a 116	Colect ac ÔG 115 a 116
Nehemeia 8. 1-12	Baruch 1. 15-21	Baruch 4. 5-12, 27-29
Salm 19. 7-10	Salm 79. 1-9	Salm 69. 32-36
Luc 10. 1-12	Luc 10. 13-16	Luc 10. 17-24
Boreol Weddi		
Salm 78. 1-39	Salm 55	Salm 76, [79]
Ecclesiasticus 11. 7-28 *neu* Eseciel 12. 17-diwedd	Eccles'cus 14.20 – 15.10 *neu* Eseciel 13. 1-16	Eccles'cus 15. 11-diwedd *neu* Eseciel 14. 1–11
Marc 14. 43-52	Marc 14. 53-65	Marc 14. 66-diwedd
Hwyrol Weddi		
Salm 78. 40-diwedd	Salm 69	Salm [81,] 84
2 Brenhinoedd 1. 2-17	2 Brenhinoedd 2. 1-18	2 Brenhinoedd 4. 1-37
Actau 24. 1-23	Actau 24.24 – 25.12	Actau 25. 13-diwedd

Y DEUNAWFED SUL *wedi'r* DRINDOD (Priodau 22)

DYDDIAD	COLECT AC ÔG	PRIF WASANAETH	
Dydd Sul 8 Hydref	117 a 118	*Parhaol:* Exodus 20. 1-4, 7-9, 12-20 Salm 19 *neu* 19. 7-14 Philipiaid 3. 4b-14 Mathew 21. 33-46	*neu Gysylltiedig:* Eseia 5. 1-7 Salm 80. 7-15 Philipiaid 3. 4b-14 Mathew 21. 33-46

† Llun 9 Hydref	Mawrth 10 Hydref	Mercher 11 Hydref
CYMUN DYDDIOL		
Colect ac ÔG 117 a 118 Jona 1. 1-17; 2. 10 Salm 130 Luc 10. 25-37	Colect ac ÔG 117 a 118 Jona 3. 1-10 Salm 6 Luc 10. 38-42	Colect ac ÔG 117 a 118 Jona 4. 1-11 Salm 86. 1-10 Luc 11. 1-4
Boreol Weddi		
Salm 80, [82] Eccles'cus 16. 17-diwedd *neu* Eseciel 14. 12-diwedd Marc 15. 1-15	Salm [87,] 89. 1-18 Ecclesiasticus 17. 1-24 *neu* Eseciel 18. 1-20 Marc 15. 16-32	Salm 119. 105-128 Ecclesiasticus 18. 1-14 *neu* Eseciel 18. 21-32 Marc 15. 33-41
Hwyrol Weddi		
Salm [85,] 86 2 Brenhinoedd 5 Actau 26. 1-23	Salm 89. 19-diwedd 2 Brenhinoedd 6. 1-23 Actau 26. 24-diwedd	Salm 91, [93] 2 Brenhinoedd 9. 1-16 Actau 27. 1-26

Adfent 2022 - Y Deyrnas 2023

TRYDYDD GWASANAETH	AIL WASANAETH	Nodiadau
Salm 128; 129; 134 Eseia 49. 13-23 Luc 12. 1-12	Salm 136 *neu* 136. 1-9 Diarhebion 2. 1-11 1 Ioan 2. 1-17	LGG 1984 tudalen 196.
	Pan fo'r Ail Wasanaeth yn Gymun, defnyddir fel Efengyl: **Marc 10. 2-16**	† gweler tudalennau 142 a 143.

Iau 12 Hydref	† Gwener 13 Hydref	† Sadwrn 14 Hydref
CYMUN DYDDIOL		
Colect ac ÔG 117 a 118 Malachi 3.13 – 4.2a Salm 1 Luc 11. 5-13	Colect ac ÔG 117 a 118 Joel 1. 13-15; 2. 1, 2 Salm 9. 1-8 Luc 11. 14-26	Colect ac ÔG 117 a 118 Joel 3. 12-21 Salm 97 Luc 11. 27, 28
Boreol Weddi		
Salm [90,] 92 Ecclesiasticus 19. 4-17 *neu* Eseciel 20. 1-20 Marc 15. 42-diwedd	Salm 88, [95] Eccles'cus 19. 20-diwedd *neu* Eseciel 20. 21-38 Marc 16. 1-8	Salm [96,] 97, [100] Ecclesiasticus 21. 1-17 *neu* Eseciel 24. 15-diwedd Marc 16. 9-diwedd
Hwyrol Weddi		
Salm 94 2 Brenhin. 9. 17-diwedd Actau 27. 27-diwedd	Salm 102 2 Brenhinoedd 12. 1-19 Actau 28. 1-16	Salm 104 2 Brenhinoedd 17. 1-23 Actau 28. 17-diwedd

Blwyddyn A - Dyddiau'r Wythnos 1

Y PEDWERYDD SUL AR BYMTHEG *wedi'r* DRINDOD			(Priodau 23)
DYDDIAD	COLECT AC ÔG	PRIF WASANAETH	
Dydd Sul 15 Hydref (†)	119 a 120	*Parhaol:* Exodus 32. 1-14 Salm 106. 1-6, [19-23] Philipiaid 4. 1-9 Mathew 22. 1-14	*neu Gysylltiedig:* Eseia 25. 1-9 Salm 23 Philipiaid 4. 1-9 Mathew 22. 1-14

† Llun 16 Hydref	† Mawrth 17 Hydref	Luc, Efengylwr Mercher 18 Hydref
CYMUN DYDDIOL		
Colect ac ÔG 119 a 120 Rhufeiniaid 1. 1-7 Salm 98 Luc 11. 29-32	Colect ac ÔG 119 a 120 Rhufeiniaid 1. 16-25 Salm 19. 1-4 Luc 11. 37-46	Colect ac ÔG 283 a 284 Eseia 35. 3-6 *neu* Actau 16. 6-12a Salm 147. 1-7 2 Timotheus 4. 5-17 Luc 10. 1-9
Boreol Weddi		
Salm 98, [99, 101] Ecclesiasticus 22. 6-22 *neu* Eseciel 28. 1-19 Ioan 13. 1-11	Salm 106, [103] Eccles'cus 22.27 – 23.15 *neu* Eseciel 33. 1-20 Ioan 13. 12-20	Salm 145 Eseia 55 Luc 1. 1-4
Hwyrol Weddi		
105 *neu* 103 2 Brenhin. 17. 24-diwedd Philipiaid 1. 1-11	Salm 107 2 Brenhinoedd 18. 1-12 Philipiaid 1. 12-diwedd ... noswyl Luc: *Salm 33; Hosea 6. 1-3; 2 Timotheus 3. 10-17*	Salm 103 Ecclesiasticus 38. 1-14 *neu* Eseia 61. 1-6 Colosiaid 4. 7-18

Adfent 2022 - Y Deyrnas 2023

TRYDYDD GWASANAETH	AIL WASANAETH	Nodiadau
Salm 138; 141 Eseia 50. 4-10 Luc 13. 22-30	Salm 139. 1-11, [12-18] Diarhebion 3. 1-18 1 Ioan 3. 1-15 *Pan fo'r Ail Wasanaeth yn Gymun, defnyddir fel Efengyl:* **Marc 10. 17-31**	LGG 1984 tudalen 199. † gweler tudalennau 143 a 144.

† Iau 19 Hydref	Gwener 20 Hydref	Sadwrn 21 Hydref
CYMUN DYDDIOL		
Colect ac ÔG 119 a 120 Rhufeiniaid 3. 21-31 Salm 130 Luc 11. 47-54	Colect ac ÔG 119 a 120 Rhufeiniaid 4. 1-8 Salm 32 Luc 12. 1-7	Colect ac ÔG 119 a 120 Rhufeiniaid 4. 13-18 Salm 105. 5-10, 42-45 Luc 12. 8-12
Boreol Weddi		
Salm [113,] 115 Ecclesiasticus 24 *neu* Eseciel 33.21 – 34.16 Ioan 13. 21-diwedd	Salm 139 Eccles'cus 27.30 – 28.9 *neu* Eseciel 34. 17-diwedd Ioan 14. 1-14	Salm [120,] 121, [122] Eccles'cus 28. 14-diwedd *neu* Eseciel 36. 16-36 Ioan 14. 15-diwedd
Hwyrol Weddi		
Salm [114,] 116, [117] 2 Brenhin. 18.13 – 19.19 Philipiaid 2	Salm 130, [131, 137] 2 Brenhinoedd 19. 20-36 Philipiaid 3.1 – 4.1	Salm 118 2 Brenhinoedd 20 Philipiaid 4. 2-diwedd

Blwyddyn A - Dyddiau'r Wythnos 1

YR UGEINFED SUL *wedi'r* DRINDOD (Priodau 24)

DYDDIAD	COLECT AC ÔG	PRIF WASANAETH	
Dydd Sul 22 Hydref	121 a 122	*Parhaol:* Exodus 33. 12-23 Salm 99 1 Thesaloniaid 1. 1-10 Mathew 22. 15-22	*neu Gysylltiedig:* Eseia 45. 1-7 Salm 96. 1-9, [10-13] 1 Thesaloniaid 1. 1-10 Mathew 22. 15-22

† Llun 23 Hydref	Mawrth 24 Hydref	† Mercher 25 Hydref
\multicolumn{3}{c}{CYMUN DYDDIOL}		
Colect ac ÔG 121 a 122 Rhufeiniaid 4. 13, 19-25 Salm 89. 19-29 Luc 12. 13-21	Colect ac ÔG 121 a 122 Rhufeiniaid 5. 6-21 Salm 40. 6-11 Luc 12. 35-38	Colect ac ÔG 121 a 122 Rhufeiniaid 6. 12-18 Salm 124 Luc 12. 39-48
\multicolumn{3}{c}{Boreol Weddi}		
Salm [123, 124, 125,] 126 Ecclesiasticus 31. 1-11 *neu* Eseciel 37. 1-14 Ioan 15. 1-11	Salm 132, [133] Eccles'cus 34. 9-diwedd *neu* Eseciel 37. 15-diwedd Ioan 15. 12-17	Salm 119.153-diwedd Ecclesiasticus 35 *neu* Eseciel 39. 21-diwedd Ioan 15. 18-diwedd
\multicolumn{3}{c}{Hwyrol Weddi}		
Salm 127, [128, 129] 2 Brenhinoedd 21. 1-18 1 Timotheus 1. 1-17	Salm [134,] 135 2 Brenhinoedd 22.1 – 23.3 1 Timotheus 1. 18 – *diwedd* 2	Salm 136 2 Brenhinoedd 23. 4-25 1 Timotheus 3

Adfent 2022 - Y Deyrnas 2023

TRYDYDD GWASANAETH	AIL WASANAETH	Nodiadau
Salm 145; 149 Eseia 54. 1-14 Luc 13. 31-35	Salm 142; [143. 1-11] Diarhebion 4. 1-18 1 Ioan 3.16 – 4.6	LGG 1984 tudalen 201.
	Pan fo'r Ail Wasanaeth yn Gymun, defnyddir fel Efengyl: **Marc 10. 35-45**	† gweler tudalen 144.

† Iau 26 Hydref	Gwener 27 Hydref	Simon a Jwdas, Apostolion Sadwrn 28 Hydref
\multicolumn{3}{c}{CYMUN DYDDIOL}		
Colect ac ÔG 121 a 122 Rhufeiniaid 6. 19-23 Salm 1 Luc 12. 49-53	Colect ac ÔG 121 a 122 Rhufeiniaid 7. 18-25a Salm 119. 33-40 Luc 12. 54-59	Colect ac ÔG 289 a 110 Eseia 28. 14-16 Salm 119. 89-96 Effesiaid 2. 19-22 Ioan 15. 17-27
	Boreol Weddi	
Salm 143, [146] Ecclesiasticus 37. 7-24 *neu* Eseciel 43. 1-12 Ioan 16. 1-15	Salm [142,] 144 Ecclesiasticus 38. 1-14, 24-diwedd *neu* Eseciel 44. 4-16; 47. 1-12 Ioan 16. 16-diwedd	Salm 116 Doethineb 5. 1-16 *neu* Eseia 45. 18-26 Luc 6. 12-16
	Hwyrol Weddi	
Salm 138, [140, 141] 2 Brenhinoedd 23. 36 – 24.17 1 Timotheus 4	Salm 145 2 Brenhinoedd 24. 18 – *diwedd* 25 1 Timotheus 5 *... noswyl Simon a Jwdas:*	Salm 119. 1-16 1 Macabeaid 2. 42-66 *neu* Jeremeia 3. 11-18 Jwdas 1-4, 17-25
Salm 124; 125; 126; Deuteronomium 32. 1-4; Ioan 14. 15-26		

Blwyddyn A - Dyddiau'r Wythnos 1

Y SUL OLAF WEDI'R DRINDOD *neu* SUL Y BEIBL (Priodau 25)

DYDDIAD	COLECT AC ÔG	PRIF WASANAETH	
Dydd Sul 29 Hydref	126 a 127	*Parhaol:* Deuteronomium 34. 1-12 Salm 90. 1-6, [13-17] 1 Thesaloniaid 2. 1-8 Mathew 22. 34-46	*neu Gysylltiedig:* Lefiticus 19. 1, 2, 15-18 Salm 1 1 Thessalonians 2. 1-8 Mathew 22. 34-46
		neu SUL Y BEIBL Nehemeia 8. 1-4a, [5,6,] 8-12 Salm 119. 9-16	Colosiaid 3. 12-17 Mathew 24. 30-35

* Gelir ei ddathlu ar Sul cyntaf Y Deyrnas; gweler tudalen 116 am ddarlleniadau heddiw.

† Llun 30 Hydref	† Mawrth 31 Hydref	* Yr Holl Saint (A) Mercher 1 Tachwedd
CYMUN DYDDIOL		
Colect ac ÔG 126 a 127 Rhufeiniaid 8. 12-17 Salm 68. 1-6, 19, 20 Luc 13. 1-17	Colect ac ÔG 126 a 127 Rhufeiniaid 8. 18-25 Salm 126 Luc 13. 18-35	Colect ac ÔG 128 a 129 Datguddiad 7. 9-17 Salm 34. 1-10 1 Ioan 3. 1-3 Mathew 56. 1-12
* Boreol Weddi		
Salm 1, [2, 3] Ecclesiasticus 39. 1-11 *neu* Pregethwr 1 Ioan 17. 1-5	Salm 5, [6, 8] Ecclesiasticus 39. 13-diwedd; 42. 15-diwedd *neu* Pregethwr 2; 3. 1-15 Ioan 17. 6-diwedd	Salm 15; 84 Eseia 35. 1-9 Luc 9. 18-27
* Hwyrol Weddi		
Salm 4, [7] Judith 4 *neu* Exodus 22. 21-27; 23. 1-17 1 Timotheus 6. 1-10	Salm 9, [10] Judith 5.1 – 6.4, 10 – 7.7 *neu* Exodus 29.38 – 30.16 1 Tim. 6.11 – 2 Tim. 1.14 … noswyl Yr Holl Saint:	Salm 148; 150 Eseia 65. 17-25 Hebreaid 11.32 – 12.2
Salm 1; 5; Ecclesiasticus 44. 1-15 neu Eseia 40. 27-31; Datguddiad 19. 6-10		

Adfent 2022 - Y Deyrnas 2023

TRYDYDD GWASANAETH	AIL WASANAETH	Nodiadau
Salm 119 137-152 Eseia 59 9-20 Luc 14. 1-14	Text Salm 119. 89-104 Pregethwr 11, 12 2 Timotheus 2. 1-7 *Pan fo'r Ail Wasanaeth yn Gymun, defnyddir fel Efengyl:* **Marc 12. 28-34**	LGG 1984 tudalen 204 Trindod 21.
		† gweler tudalennau 144 a 145.
Salm 119. 137-152 Deuteronomium 17. 14-15, 18-20 Ioan 5. 36b-47	Salm 119. 89-104 Eseia 55. 1-11 Luc 4. 14-30	

Dygwyl y Meirw

Iau 2 Tachwedd	† Gwener 3 Tachwedd	† Sadwrn 4 Tachwedd
\multicolumn{3}{c}{CYMUN DYDDIOL}		
Colect ac ÔG 293 a 389 Galarnad 3. 17-26 *neu* Doethineb 3. 1-9 Salm 23 *neu* 27. 1-5, 13, 14 Rhufeiniaid 5. 5-11 *neu* 1 Pedr 1. 3-9 Ioan 5. 19-25 *neu* Ioan 6. 37-40	Colect ac ÔG 126 a 127 Rhufeiniaid 9. 1-5 Salm 147. 12-20 Luc 14. 1-6	Colect ac ÔG 126 a 127 Rhufeiniaid 11. 1-6, 11, 12, 25-29 Salm 94. 14-19 Luc 14. 7-11
\multicolumn{3}{c}{Boreol Weddi}		
Salm 31 Judith 15. 1-13 *neu* Lefiticus 25. 1-24 Titus 3	Salm [17,] 19 Ecclesiasticus 43 *neu* Pregethwr 3.16 – *diwedd* 5 Ioan 18. 1-27	Salm [20, 21,] 23 Ecclesiasticus 44. 1-15 *neu* Pregethwr 6 Ioan 18. 28-diwedd
\multicolumn{3}{c}{Hwyrol Weddi}		
Salm 35 Ecclesiasticus 51. 1-12 *neu* Pregethwr 11. 1-8 Ioan 20.11-18	Salm 22 Judith 7. 19-diwedd; 8. 9-diwedd *neu* Lefiticus 9; 16. 2-24 2 Tim. 1.15 – *diwedd* 2.	Salm 24, [25] Judith 9 *neu* Lefiticus 17 2 Timotheus 3

SUL CYNTAF Y DEYRNAS

DYDDIAD	COLECT AC ÔG	PRIF WASANAETH
Dydd Sul 5 Tachwedd (†)	131 a 132	Micha 3. 5-12 Salm 43 *neu* 107. 1-8 1 Thesaloniaid 2. 9-13 Mathew 24. 1-14

† Llun 6 Tachwedd	† Mawrth 7 Tachwedd	† Mercher 8 Tachwedd
CYMUN DYDDIOL		
Colect ac ÔG 131 a 132 Rhufeiniaid 11. 29-36 Salm 69. 29-36 Luc 14. 12-14	Colect ac ÔG 131 a 132 Rhufeiniaid 12. 1-16 Salm 131 Luc 14. 15-24	Colect ac ÔG 131 a 132 Rhufeiniaid 13. 8-10 Salm 112 Luc 14. 25-33
Boreol Weddi		
Salm 2, [146] Eseia 1. 1-20 Mathew 1. 18-diwedd	Salm 5, [147.1-12] Eseia 1. 21-diwedd Mathew 2. 1-15	Salm 9, [147.13-diwedd] Eseia 2. 1-11 Mathew 2. 16-diwedd
Hwyrol Weddi		
Salm 92, [96, 97] Daniel 1 Datguddiad 1	Salm [98, 99,] 100 Daniel 2. 1-24 Datguddiad 2. 1-11	Salm [111,] 112, [116] Daniel 2. 25-diwedd Datguddiad 2. 12-diwedd

Amrywio Lliw: Gellir defnyddio coch y dioddefaint yn Nhymor y Deyrnas		
TRYDYDD GWASANAETH	**AIL WASANAETH**	**Nodiadau**
Salm 33	Salm 111; 117	LGG 1984 tudalen 207 Trindod 22.
Eseia 66. 20-23	Daniel 7. 1-18	
Effesiaid 1. 11-23	Luc 6. 17-31	
		† gweler tudalen 146.

Iau 9 Tachwedd	† Gwener 10 Tachwedd	† Sadwrn 11 Tachwedd
CYMUN DYDDIOL		
Colect ac ÔG 131 a 132	Colect ac ÔG 131 a 132	Colect ac ÔG 131 a 132
Rhufeiniaid 14. 7-12	Rhufeiniaid 15. 14-21	Rhufeiniaid 16. 3-9, 16, 22-27
Salm 27. 1-4, 13, 14	Salm 98	Salm 145. 1-7
Luc 15. 1-10	Luc 16. 1-8	Luc 16. 9-15
Boreol Weddi		
Salm [11,] 15, [148]	Salm 16, [149]	Salm 18. 31-diwedd, [150]
Eseia 2. 12-diwedd	Eseia 3. 1-15	Eseia 4.2 – 5.7
Mathew 3	Mathew 4. 1-11	Mathew 4. 12-22
Hwyrol Weddi		
Salm 118	Salm [137, 138,] 143	Salm 145
Daniel 3. 1-18	Daniel 3. 19-diwedd	Daniel 4. 1-18
Datguddiad 3. 1-13	Datguddiad 3. 14-diwedd	Datguddiad 4

AIL SUL Y DEYRNAS

DYDDIAD	COLECT AC ÔG	PRIF WASANAETH	
Dydd Sul 12 Tachwedd (†)	134 a 135	*either:* Doethineb 6. 12-16 *Gantigl:* Doethineb 6. 17-20 1 Thesaloniaid 4. 13-18 Mathew 25. 1-13	*neu:* Amos 5. 18-24 Salm 70 1 Thesaloniaid 4. 13-18 Mathew 25. 1-13

† Llun 13 Tachwedd	† Mawrth 14 Tachwedd	† Mercher 15 Tachwedd
CYMUN DYDDIOL		
Colect ac ÔG 134 a 135 Doethineb 1. 1-7 Salm 139. 1-10 Luc 17. 1-6	Colect ac ÔG 134 a 135 Doethineb 2.23 – 3.9 Salm 34. 15-22 Luc 17. 7-10	Colect ac ÔG 134 a 135 Doethineb 6. 1-11 Salm 82 Luc 17. 11-19
Boreol Weddi		
Salm [19], 20 Eseia 5. 8-24 Mathew 4.23 – 5.12	Salm 21, [24] Eseia 5. 25-diwedd Mathew 5. 13-20	Salm 23, [25] Eseia 6 Mathew 5. 21-37
Hwyrol Weddi		
Salm 34 Daniel 4. 19-diwedd Datguddiad 5	Salm [36,] 40 Daniel 5. 1-12 Datguddiad 6	Salm 37 Daniel 5. 13-diwedd Datguddiad 7. 1-4, 9-diwedd

Adfent 2022 - Y Deyrnas 2023

Amrywio Lliw: Gellir defnyddio coch y dioddefaint yn Nhymor y Deyrnas		
TRYDYDD GWASANAETH	**AIL WASANAETH**	**Nodiadau**
Salm 91 Deuteronomium 17. 14-20 1 Timotheus 2. 1-7	Salm [20;] 82 Barnwyr 7. 2-22 Ioan 15. 9-17	LGG 1984 tudalen 209 Trindod 23.
		† gweler tudalennau 147 a 148.
		Sul y Cofio

† Iau 16 Tachwedd	† Gwener 17 Tachwedd	† Sadwrn 18 Tachwedd
CYMUN DYDDIOL		
Colect ac ÔG 134 a 135 Doethineb 7.21 – 8.1 Salm 119. 89-96 Luc 17. 20-25	Colect ac ÔG 134 a 135 Doethineb 13. 1-9 Salm 19. 1-4 Luc 17. 26-37	Colect ac ÔG 134 a 135 Doethin. 18. 14-16; 19. 6-9 Salm 105. 1-6, 37-45 Luc 18. 1-8
Boreol Weddi		
Salm 26, [27] Eseia 7. 1-17 Mathew 5. 38-diwedd	Salm [28,] 32 Eseia 8. 1-15 Mathew 6. 1-18	Salm 33 Eseia 8.16 – 9.7 Mathew 6. 19-diwedd
Hwyrol Weddi		
Salm [42,] 43 Daniel 6 Datguddiad 8	Salm 31 Daniel 7. 1-14 Datguddiad 9. 1-12	Salm [84,] 86 Daniel 7. 15-diwedd Datguddiad 9. 13-diwedd

TRYDYDD SUL Y DEYRNAS

DYDDIAD	COLECT AC ÔG	PRIF WASANAETH
Dydd Sul 19 Tachwedd (†)	137 a 138	Seffaneia 1. 7, 12-18 Salm 90. 1-8, [9-11,] 12; neu 90. 1-8 1 Thesaloniaid 5. 1-11 Mathew 25. 14-30

Llun 20 Tachwedd	† Mawrth 21 Tachwedd	† Mercher 22 Tachwedd
\multicolumn{3}{CYMUN DYDDIOL}
Colect ac ÔG 137 a 138 1 Macabeaid 1. 1-15, 54-57, 62-64 Salm 79 Luc 18. 35-43	Colect ac ÔG 137 a 138 2 Macabeaid 6. 18-31 Salm 3 Luc 19. 1-10	Colect ac ÔG 137 a 138 2 Macabeaid 7. 1, 20-31, 39-42 Salm 17. 1-8 Luc 19. 11-28
\multicolumn{3}{Boreol Weddi}
Salm [46,] 47 Eseia 9.8 – 10.4 Mathew 7. 1-12	Salm [48,] 52 Eseia 10. 5-19 Mathew 7. 13-diwedd	Salm 56,[57] Eseia 10. 20-32 Mathew 8. 1-13
\multicolumn{3}{Hwyrol Weddi}
Salm [70,] 71 Daniel 8. 1-14 Datguddiad 10	Salm 67, [72] Daniel 8. 15-diwedd Datguddiad 11. 1-14	Salm 73 Daniel 9. 1-19 Datguddiad 11. 15-diwedd

Adfent 2022 - Y Deyrnas 2023

Amrywio Lliw: Gellir defnyddio coch y dioddefaint yn Nhymor y Deyrnas		
TRYDYDD GWASANAETH	**AIL WASANAETH**	**Nodiadau**
Salm 98 Daniel 10. 19-21 Datguddiad 4	Salm 89. 19-29, [30-37] 1 Brenhinoedd 1. [1-14,] 15-40 Datguddiad 1. 4-18 *Pan fo'r Ail Wasanaeth yn Gymun, defnyddir fel Efengyl:* Luc 9. 1-6	LGG 1984 tudalen 212 Trindod 24. † gweler tudalennau 148 a 149.

† Iau 23 Tachwedd	Gwener 24 Tachwedd	† Sadwrn 25 Tachwedd
CYMUN DYDDIOL		
Colect ac ÔG 137 a 138 1 Macabeaid 2. 15-29 Salm 129 Luc 19. 41-44	Colect ac ÔG 137 a 138 1 Macabeaid 4. 36, 37, 52-59 Salm 113 *neu* 122 Luc 19. 45-48	Colect ac ÔG 137 a 138 1 Macabeaid 6. 1-13 Salm 124 Luc 20. 27-40
Boreol Weddi		
Salm [61,] 62 Eseia 10.33 – 11.9 Mathew 8. 14-22	Salm 63, [65] Eseia 11.10 – *diwedd* 12 Mathew 8. 23-diwedd	Salm 78. 1-39 Eseia 13. 1-13 Mathew 9. 1-17
Hwyrol Weddi		
Salm [74,] 76 Daniel 9. 20-diwedd Datguddiad 12	Salm 77 Daniel 10.1 – 11.1 Datguddiad 13. 1-10	Salm 78. 40-diwedd Daniel 12 Datguddiad 13.11–diwedd … noswyl Crist y Brenin:
	Salm 99; 100; Eseia 10.33 – 11.9; 1 Timotheus 6. 11-16	

Blwyddyn A - Dyddiau'r Wythnos 1

CRIST Y BRENIN – PEDWERYDD SUL Y DEYRNAS		
DYDDIAD	**COLECT AC ÔG**	**PRIF WASANAETH**
Dydd Sul 26 Tachwedd	140 a 141	Eseciel 34. 11-16, 20-24 Salm 95. 1-7a *neu* 95. 1-7 Effesiaid 1. 15-23 Mathew 25. 31-46

Llun 27 Tachwedd	Mawrth 28 Tachwedd	† Mercher 29 Tachwedd
CYMUN DYDDIOL		
Colect ac ÔG 140 a 141 Daniel 1. 1-20 Salm 24. 1-6 Luc 21. 1-4	Colect ac ÔG 140 a 141 Daniel 2. 31-45 Salm 96 Luc 21. 5-9	Colect ac ÔG 140 a 141 Daniel 5. 1-6, 13-28 Salm 98 Luc 21. 10-28
Boreol Weddi		
Salm [92,] 96 Eseia 14. 3-20 Mathew 9. 18-34	Salm 97, [98, 100] Eseia 17 Mathew 9.35 – 10.15	Salm [110, 111,] 112 Eseia 19 Mathew 10. 16-33
Hwyrol Weddi		
Salm 80, [81] Eseia 40. 1-11 Datguddiad 14. 1-13	Salm [99,] 101 Eseia 40. 12-26 Datguddiad 14. 14 – *diwedd* 15	Salm [121,] 122, [123,124] Eseia 40.27 – 41.7 Datguddiad 16. 1-11 *... noswyl Andreas:* *Salm 48; Eseia 49. 1-9a; 1 Corinthiaid 4. 9-16*

Adfent 2022 - Y Deyrnas 2023

TRYDYDD GWASANAETH	AIL WASANAETH	Nodiadau
Salm 29; 110 Eseia 4.2 – 5.7 Luc 19. 29-38	Salm 93; [97] 2 Samuel 23. 1-7 *neu* 1 Macabeaid 2. 15-29 Mathew 28. 16-20	LGG 1984 tudalen 216 Y Dydd Sul Cyn yr Adfent
		† gweler tudalen 118.

Andreas, Apostol, Nawddsant Yr Alban Iau 30 Tachwedd	† Gwener 1 Rhagfyr	† Sadwrn 2 Rhagfyr
CYMUN DYDDIOL		
Colect ac ÔG 315 a 110 Eseia 52. 7-10 Salm 19. 1-4 Rhufeiniaid 10. 12-18 Mathew 4. 18-22	Colect ac ÔG 140 a 141 Daniel 7. 1-14 Salm 93 Luc 21. 29-33	Colect ac ÔG 140 a 141 Daniel 7. 15-27 Salm 95. 1-7 Luc 21. 34-36
Boreol Weddi		
Salm 46; 47 Eseciel 47. 1-12 *neu* Ecclesiasticus 14. 20-27 Ioan 12. 20-32	Salm 139 Eseia 21. 1-12; 22. 1-14 Mathew 10.34 – 11.19	Salm 145 Eseia 24 Mathew 11. 20-diwedd
Hwyrol Weddi		
Salm 87; 96 Sechareia 8. 20-23 Ioan 1. 35-42	Salm 146, [147] Eseia 41.8 – 42.9 Datguddiad 16. 12 – *diwedd* 17	Salm [148, 149,] 150 Eseia 42. 10-17 Datguddiad 18

Darlleniadau amgen

Os yw Cyflwyniad Crist yn cael ei symud i ddydd Sul 29 Ionawr 2023 (gan ddisodli Pedwerydd Sul yr Ystwyll) yna dylid defnyddio'r darlleniadau canlynol. (Gweler tudalennau 24 a 25).

CYFLWYNIAD CRIST (Gŵyl Fair y Canhwyllau)		
DYDDIAD	COLECT AC ÔG	PRIF WASANAETH
Dydd Sul 29 Ionawr	27 a 28	Malachi 3. 1-5 Salm 24. [1-6,] 7-10 Hebreaid 2. 14-18 Luc 2. 22-40

Llun 30 Ionawr	Mawrth 31 Ionawr	† Mercher 1 Chwefror
CYMUN DYDDIOL		
Colect ac ÔG 27 a 28 Hebreaid 11. 32-40 Salm 31. 19-24 Marc 5. 1-20	Colect ac ÔG 27 a 28 Hebreaid 12. 1-4 Salm 22. 22-31 Marc 5. 21-43	Colect ac ÔG 27 a 28 Hebreaid 12. 4-7, 11-15 Salm 103. 1, 2, 13-18 Marc 6. 1-6
Boreol Weddi		
Salm 1, [2, 3] Hosea 9 1 Corinthiaid 12. 12-diwedd	Salm 5, [6, 8] Hosea 10 1 Corinthiaid 13	Salm 119. 1-32 Hosea 11. 1-11 1 Corinthiaid 14. 1-19
Hwyrol Weddi		
Salm 4, [7] Genesis 18. 1-15 Mathew 27. 11-26	Salm 9, [10] Genesis 18. 16-diwedd Mathew 27. 27-44	Salm 11, [12, 13] Genesis 19. 1-3, 12-29 Mathew 27. 45-56

Adfent 2022 - Y Deyrnas 2023

TRYDYDD GWASANAETH	AIL WASANAETH	Nodiadau
Salm 42; 43; 48	Salm 122; 132	LGG 1984 tudalen 235.
Exodus 13. 1-16	Haggai 2. 1-9	
Rhufeiniaid 12. 1-5	Ioan 2. 18-22	
		† Gweler tudalen 123.

Iau 2 Chwefror	† Gwener 3 Chwefror	† Sadwrn 4 Chwefror
CYMUN DYDDIOL		
Colect ac ÔG 27 a 28	Colect ac ÔG 27 a 28	Colect ac ÔG 27 a 28
Hebreaid 12. 18-24	Hebreaid 13. 1-8	Hebreaid 13. 9-17, 20, 21
Salm 48. 1-3, 8-10	Salm 27. 1-10	Salm 23
Marc 6. 7-13	Marc 6. 14-29	Marc 6. 30-34
Boreol Weddi		
Salm [14,] 15, [16]	Salm [17,] 19	Salm 23
Hosea 11.12 – *diwedd* 12	Hosea 13. 1-14	Hosea 14
1 Corinthiaid 14. 20-diwedd	1 Corinthiaid 16. 1-9	1 Corinthiaid 16. 10-diwedd
Hwyrol Weddi		
Salm 18	Salm 22	Salm 24, [25]
Genesis 21. 1-21	Genesis 22. 1-19	Genesis 23
Mathew 27. 57-diwedd	Mathew 28. 1-15	Mathew 28. 16-diwedd

Os yw Dydd Gŵyl yr Holl Saint yn cael ei symud i ddydd Sul 5 Tachwedd 2023 (gan ddisodli Sul Cyntaf y Deyrnas) yna dylid defnyddio'r darlleniadau canlynol yn y Foreol Weddi a'r Hwyrol Weddi ddydd Mawrth 31 Hydref ac ar gyfer gwasanaethau ddydd Mawrth 1 Tachwedd (Gweler tudalennau 104 a 105).

† Llun 30 Hydref	† Mawrth 31 Hydref	Mercher 1 Tachwedd
CYMUN DYDDIOL		
Colect ac ÔG 126 a 127 Rhufeiniaid 8. 12-17 Salm 68. 1-6, 19, 20 Luc 13. 10-17	Colect ac ÔG 126 a 127 Rhufeiniaid 8. 18-25 Salm 126 Luc 13. 18-21	Colect ac ÔG 126 a 127 Rhufeiniaid 8. 26-30 Salm 13 Luc 13. 22-30
Boreol Weddi		
Salm 1, [2, 3] Ecclesiasticus 39. 1-11 *neu* Pregethwr 1 Ioan 17. 1-5	Salm 5, [6, 8] Ecclesiasticus 39. 13-diwedd *neu* Pregethwr 2 Ioan 17. 6-19	Salm 119. 1-32 Ecclesiasticus 42. 15-diwedd *neu* Pregethwr 3. 1-15 Ioan 17. 20-diwedd
Hwyrol Weddi		
Salm 4, [7] Judith 4 *neu* Exodus 22. 21-27; 23. 1-17 1 Timotheus 6. 1-10	Salm 9, [10] Judith 5.1 – 6.4 *neu* Exodus 29. 38 – 30.16 1 Timotheus 6. 11-diwedd	Salm 11, [12, 13] Judith 6.10 – 7.7 *neu* Lefiticus 8 2 Timotheus 1. 1-14

LLITHIADUR

LLYFR DAU:

Dyddiau Sanctaidd a gwasanaethau eraill

Dyddiau Gŵyl

Am liw'r tymor, gweler prif dudalennau'r Llithiadur

29 Tachwedd	**Gwylnos a Dydd Gweddi dros Genhadaeth yr Eglwys.** (I'w defnyddio yn y Cymun Bendigaid neu wasanaeth arall) **Colect ac ÔG 314 a 363** Eseia 49. 1-6 Salm 96. 1-10 Effesiaid 2. 13-18 Mathew 9. 35-38	**Porff** *neu* liw y tymor	IV
30 Tachwedd	**Andreas, Apostol. Nawddsant Yr Alban.** *Gweler Llithiadur*	**COCH**	II
1 Rhagfyr	**Nicholas Ferrar (1637), Diacon.** **Colect ac ÔG 316 a 383 / 389** Jeremeia 17. 7-10 Salm 119. 57-64 1 Ioan 2. 12-17 Mathew 19. 23-30 *neu* Luc 12. 32-34	Lliw y tymor *neu* Wyn	V
2 Rhagfyr	**Seintiau, Merthyron a Chenhadon Asia.** **Colect ac ÔG 317 a 365** Eseia 52. 7-10 *neu* Eseciel 3. 16-21 Salm 16 *neu* 117 *neu* 96. 1-4, 10-13 Actau 13, 46-49 *neu* Actau 26. 19-23 Mathew 25. 31-46 *neu* Luc 5. 1-11	Lliw y tymor *neu* Goch	V
3 Rhagfyr	**Francis Xavier (1552), Cenhadwr.** **Colect ac ÔG 318 a 365** Eseia 52. 7-10 *neu* Eseciel 3. 16-21 Salm 16 *neu* 117 *neu* 96. 1-4, 10-13 Actau 13, 46-49 *neu* Actau 26. 19-23 Mathew 25. 31-46 *neu* Luc 5. 1-11	Lliw y tymor *neu* Wyn	V
6 Rhagfyr	**Nicholas (c 342), Esgob.** **Colect ac ÔG 319 a 377 / 379** Eseia 61. 1-3 Salm 28. 6-9 1 Timotheus 6. 6-11 Marc 10. 13-16	Lliw y tymor *neu* Wyn	V

Dyddiau Gŵyl

7 Rhagfyr	**Emrys (397), Esgob a Dysgawdwr yr Eglwys.** **Colect ac ÔG 320 a 387** Eseia 41. 9b-13 Salm 34. 11-18 1 Corinthiaid 2. 6-13 Luc 22. 24-30	Gwyn *neu* liw y tymor	IV
8 Rhagfyr	**Cynidr (6ed ganrif), Esgob.** **Colect ac ÔG 321 a 377 / 379** Eseciel 34. 11-16 Salm 28. 6-9 1 Pedr 5. 1-4 *neu* Effesiaid 4. 7, 8, 11-16 Ioan 21. 15-17	Lliw y tymor *neu* Wyn	V
13 Rhagfyr	**Lleucu (304), Merthyr.** **Colect ac ÔG 322 a 385** Doethineb 3. 1-7 Salm 28. 6-9 2 Corinthiaid 4. 6-15 Mathew 10. 24-32 *neu* Ioan 15.18 – 16.4a	Lliw y tymor *neu* Goch	V
14 Rhagfyr	**Ioan y Groes (1591), Offeiriad, Bardd ac Athro.** **Colect ac ÔG 323 a 356 / 387** Ecclesiasticus 51. 1-8 Salm 28. 6-9 Rhufeiniaid 8. 35-39 *neu* Datguddiad 7. 13-17 Mathew 10. 28-33	Gwyn *neu* liw y tymor	IV
17-23 Rhagfyr	**17 - O Doethineb!** **Colect 324** ac ÔG gweddi ar gyfer yr wythnos **18 - O Adonai!** **Colect 325** ac ÔG gweddi ar gyfer yr wythnos **19 - O Wreiddyn Jesse!** **Colect 326** ac ÔG gweddi ar gyfer yr wythnos **20 - O Allwedd Dafydd!** **Colect 327** ac ÔG gweddi ar gyfer yr wythnos **21 - O Wawrddydd!** **Colect 328** ac ÔG gweddi ar gyfer yr wythnos **22 - O Frenin y Cenhedloedd!** **Colect 329** ac ÔG gweddi ar gyfer yr wythnos **23 - O Immanuel!** **Colect 330** ac ÔG gweddi ar gyfer yr wythnos *A'r Cymun Dyddiol – gweler y Llithiadur*	Porff	V

Dyddiau Gŵyl

25 Rhagfyr	**GENEDIGAETH EIN HARGLWYDD.** *Gweler Llithiadur*	GWYN	I
26 Rhagfyr	**Steffan, Diacon a'r Merthyr Cyntaf.** *Gweler Llithiadur*	COCH	II
27 Rhagfyr	**Ioan, Apostol ac Efengylwr.** *Gweler Llithiadur*	GWYN	II
28 Rhagfyr	**Y Diniweidiaid.** *Gweler Llithiadur*	COCH	II
29 Rhagfyr	**Thomas o Gaergaint (1170), Esgob a Merthyr.** **Colect ac ÔG 334 a 385** Eseia 61. 1-3 Salm 28. 6-9 1 Timotheus 6. 6-11 Marc 10. 13-16	Coch *neu* liw y tymor	IV
30 Rhagfyr	**Tathan (6[ed] ganrif), Abad.** **Colect ac ÔG 335 a 383** Jeremeia 17. 7-10 Salm 119. 57-64 1 Ioan 2. 12-17 Mathew 19. 23-30 *neu* Luc 12. 32-34	Lliw y tymor *neu* Wyn	V
31 Rhagfyr	**Ioan Wycliffe (1384), Offeiriad a Chyfieithydd.** **Colect ac ÔG 336 a 392** *Naill ai* / *neu* Eseia 52. 7-10 / Eseciel 34. 11-16 Salm 106. 1-4, 19-23 / Salm 23 1 Corinthiaid 4. 1-5 / 1 Pedr 5. 1-4 Mathew 23. 8-12 / Ioan 10. 11-16	Lliw y tymor *neu* Wyn	V
1 Ionawr	**ENWI IESU.** *Gweler Llithiadur*	GWYN	I
3 Ionawr	**Morris Williams (1874), Offeiriad a Bardd.** **Colect ac ÔG 143 a 375** Caniad Solomon 2. 8-14 Salm 5. 1-8 Datguddiad 19. 11-16 Ioan 17. 20-26	Lliw y tymor *neu* Wyn	V

Dyddiau Gŵyl

6 Ionawr	**DYDD GŴYL YSTWYLL.** *Gweler Llithiadur*	GWYN	I
10 Ionawr	**William Laud (1645), Esgob.** **Colect ac ÔG 144 a 379** Eseciel 34. 11-16 Salm 28. 6-9 1 Pedr 5. 1-4 *neu* Effesiaid 4. 7, 8, 11-16 Ioan 21. 15-17	Lliw y tymor *neu* Wyn	V
11 Ionawr	**Rhys Prichard (1644), Offeiriad a Bardd, William Williams (1791), Diacon a Bardd ac Isaac Williams (1865), Offeiriad a Bardd.** **Colect ac ÔG 145 a 375** Caniad Solomon 2. 8-14 Salm 5. 1-8 Datguddiad 19. 11-16 Ioan 17. 20-26	Lliw y tymor *neu* Wyn	V
13 Ionawr	**Ilar (368), Esgob.** **Colect ac ÔG 146 a 379** Eseciel 34. 11-16 Salm 28. 6-9 1 Ioan 2. 18-25 Ioan 8. 25-32	Gwyn *neu* liw y tymor	IV
14 Ionawr	**Cyndeyrn (c603), Esgob.** **Colect ac ÔG 147 a 379** Eseciel 34. 11-16 Salm 28. 6-9 1 Pedr 5. 1-4 *neu* Effesiaid 4. 7, 8, 11-16 Ioan 21. 15-17	Gwyn *neu* liw y tymor	IV
17 Ionawr	**Antwn (c356), Abad.** **Colect ac ÔG 148 a 383** Jeremeia 17. 7-10 Salm 119. 57-64 Philipiaid 3. 7-14 Mathew 19. 16-26	Gwyn *neu* liw y tymor	IV

18 Ionawr	**Cyffes Pedr, Apostol.** **Colect ac ÔG 149 a 110** Actau 4. 8-13 *neu* 1 Pedr 5. 1-4 Salm 23 Mathew 16. 13-19	Gwyn *neu* liw y tymor	IV
21 Ionawr	**Agnes (304), Gwyryf a Merthyr.** **Colect ac ÔG 150 a 385** Doethineb 3. 1-9 Salm 28. 6-9 Datguddiad 7. 13-17 Mathew 10. 24-32 *neu* Ioan 15.18 - 16.4a	Lliw y tymor *neu* Goch	V
24 Ionawr	**Francis de Sales (1622), Esgob.** **Colect ac ÔG 151 a 379** Diarhebion 3. 13-18 Salm 28. 6-9 1 Pedr 5. 1-4 *neu* Effesiaid 4. 7, 8, 11-16 Ioan 3. 17-21	Lliw y tymor *neu* Wyn	V
25 Ionawr	**Tröedigaeth Paul, Apostol.** *Gweler Llithiadur*	GWYN	II
26 Ionawr	**Timotheus a Titus, Cymdeithion Paul.** **Colect ac ÔG 154 a 363 / 365** Eseia 61. 1-3a Salm 100 2 Timotheus 1. 1-8 *neu* Titus 1. 1-5 Luc 10. 1-9	Gwyn *neu* liw y tymor	IV
27 Ionawr	**Ioan Chrysostom (407), Esgob a Dysgawdwr.** **Colect ac ÔG 155 a 356 / 387** Jeremeia 1. 4-10 Salm 34. 11-18 1 Corinthiaid 2. 6-13 Mathew 5. 13-19	Gwyn *neu* liw y tymor	IV
28 Ionawr	**Thomas o Acwin (1274), Dysgawdwr.** **Colect ac ÔG 156 a 356 / 387** Doethineb 7. 7-10, 15, 16 Salm 34. 11-18 1 Corinthiaid 2. 9-16 Ioan 16. 12-15	Gwyn *neu* liw y tymor	IV

Dyddiau Gŵyl

1 Chwefror	**Ffraid (6ed ganrif), Abades.** **Colect ac ÔG 157 a 383** Jeremeia 17. 7-10 Salm 119. 57-64 1 Ioan 2. 12-17 Mathew 19. 23-30 *neu* Luc 12. 32-34	Lliw y tymor *neu* Wyn	V
2 Chwefror	**CYFLWYNIAD CRIST (Gŵyl Fair y Canhwyllau).** *Gweler Llithiadur*	GWYN	I
3 Chwefror	**Saint, Merthyron a Chenhadon Ewrop.** **Colect ac ÔG 158 a 365** Eseia 52. 7-10 *neu* Eseciel 3. 16-21 Salm 16 *neu* Salm 96. 1-4, 10-13 *neu* Salm 117 Actau 13. 46-49 *neu* Actau 26. 19-23 Mathew 25. 31-46 *neu* Luc 5. 1-11	Lliw y tymor *neu* Goch	V
	Seiriol (6ed ganrif), Abad. **Colect ac ÔG 159 a 383** Jeremeia 17. 7-10 Salm 119. 57-64 1 Ioan 2. 12-17 Mathew 19. 23-30 *neu* Luc 12. 32-34	Lliw y tymor *neu* Wyn	V
4 Chwefror	**Manche Masemola (1928), Merthyr.** **Colect ac ÔG 160 a 385** Doethineb 3. 1-9 Salm 28. 6-9 Rhufeiniaid 8. 35-39 *neu* Datguddiad 7. 13-17 Mathew 10. 24-32 *neu* Ioan 15.18 – 16.4a	Lliw y tymor *neu* Goch	V
9 Chwefror	**Teilo (6ed ganrif), Esgob.** **Colect ac ÔG 161 a 379** Eseciel 34. 11-16 Salm 28. 6-9 1 Pedr 5. 1-4 *neu* Effesiaid 4. 7, 8, 11-16 Ioan 21. 15-17	Gwyn *neu* liw y tymor	IV
14 Chwefror	**Cyril (869), Mynach a Chenhadwr a Methodius (885), Esgob a Chenhadwr.** Colect ac ÔG 162 a 365 Eseia 52. 7-10 Salm 117 *neu* 96. 1-4, 10-13 Rhufeiniaid 10. 11-15 Mathew 25. 31-46 *neu* Luc 5. 1-11	Lliw y tymor *neu* Wyn	V

Dyddiau Gŵyl

18 Chwefror	**Ioan o Fiesole (Fra Angelico) (1455), Offeiriad ac Andrei Rublev (c1430), Mynach, Arlunwyr.** **Colect ac ÔG 163 a 389** Caniad Solomon 2. 8-14 Salm 5. 1-8 Datguddiad 19. 11-16 Ioan 17. 20-26	Lliw y tymor	V
		neu Wyn	
19 Chwefror	**Thomas Burgess (1837), Esgob ac Athro.** **Colect ac ÔG 164 a 356 / 387** Ecclesiasticus 39. 1-9 Salm 34. 11-18 1 Corinthiaid 2. 6-13 Mathew 13. 51-52	Lliw y tymor	V
		neu Wyn	
20 Chwefror	**Saint, Merthyron a Chenhadon Affrica.** **Colect ac ÔG 165 a 365** Eseia 52. 7-10 *neu* Eseciel 3. 16-21 Salm 16 *neu* Salm 96. 1-4, 10-13 *neu* Salm 117 Actau 13. 46-49 *neu* Actau 26. 19-23 Mathew 25. 31-46 *neu* Luc 5. 1-11	Lliw y tymor	V
		neu Goch	
23 Chwefror	**Polycarp (c155), Esgob a Merthyr.** **Colect ac ÔG 166 a 385** Doethineb 3. 1-9 Salm 28. 6-9 Datguddiad 2. 8-11 Mathew 10. 24-32 *neu* Ioan 15.18 – 16.4a	Coch	IV
		neu liw y tymor	
27 Chwefror	**George Herbert (1633), Offeiriad a phob Bugail.** **Colect ac ÔG 167 a 381** *Naill ai* *neu* Malachi 2. 5-7 Eseciel 34. 11-16 Salm 106. 1-4, 19-23 Salm 23 Datguddiad 19. 5-9 Pedr 5. 1-4 Mathew 11. 25-30 Ioan 10. 11-16	Lliw y tymor	V
		neu Wyn	
1 Mawrth	**Dewi (6[ed] Ganrif), Esgob, Nawddsant Cymru.** *Gweler Llithiadur*	GWYN	II

Dyddiau Gŵyl

2 Mawrth	**Chad (672), Esgob.** Colect ac ÔG 199 a 379 Ioan 17. 20-26 Eseciel 34. 11-16 Salm 28. 6-9 1 Timotheus 6. 11b-16 Ioan 21. 15-17	Gwyn *neu* liw y tymor	IV
5 Mawrth	**Non (5ed ganrif), Mam Dewi Sant.** Colect ac ÔG 170 a 391 Malachi 3. 16-18 Salm 145. 3-13a Datguddiad 19. 5-8 Ioan 17. 18-23	Lliw y tymor *neu* Wyn	V
7 Mawrth	**Perpetwa, Ffelicitas a'u Cymdeithion (203), Merthyron.** Colect ac ÔG 171 a 385 Doethineb 3. 1-9 Salm 28. 6-9 Datguddiad 12. 10-12a Mathew 10. 24-32 *neu* Ioan 15.18 – 16.4a	Coch *neu* liw y tymor	IV
17 Mawrth	**Padrig (5ed ganrif), Esgob, Nawddsant Iwerddon.** Colect ac ÔG 172 a 365 Eseia 51. 1-8 Salm 91. 1-4, 13-16 Actau 16. 6-15 Luc 10. 1-12, 17-20	Gwyn *neu* liw y tymor	IV
18 Mawrth	**Cyril o Jerwsalem (386), Esgob.** Colect ac ÔG 173 a 379 Eseciel 34. 11-16 Salm 28. 6-9 1 Pedr 5. 1-4 *neu* Effesiaid 4. 7-8, 11-16 Ioan 21. 15-17	Lliw y tymor *neu* Wyn	V
19 Mawrth	**Joseff o Nasareth.** *Gweler Llithiadur*	GWYN	II

Dyddiau Gŵyl

20 Mawrth	**Cuthbert (687), Esgob.** **Colect ac ÔG 260 a 378 / 379** Eseciel 34. 11-16 Salm 28. 6-9 1 Pedr 5. 1-4 *neu* Effesiaid 4. 7, 8, 11-16 Mathew 18. 12-14	Gwyn *neu* liw y tymor	IV
21 Mawrth	**Thomas Cranmer (1556), Hugh Latimer, Nicholas Ridley a Robert Ferrar (1555), Esgobion, Athrawon a Merthyron.** **Colect ac ÔG 175 a 291** Eseia 43. 1-7 *neu* Ecclesiasticus 2. 10-18 Salm 87 2 Corinthiaid 4. 5-12 Ioan 12. 20-26	Lliw y tymor *neu* Goch	V
24 Mawrth	**Oscar Romero (1980), Esgob a Merthyr.** **Colect ac ÔG 176 a 385** Eseia 58. 6-11 Salm 146. 5-10 1 Ioan 3. 14-18 Mathew 25. 31-46	Lliw y tymor *neu* Goch	V
25 Mawrth	**Cyhoeddi ein Harglwydd i Fair Forwyn Fendigaid.** *Gweler Llithiadur*	GWYN	II
29 Mawrth	**Gwynllyw, (6[ed] ganrif), Brenin.** **Colect ac ÔG 178 a 391** 1 Samuel 16. 1-13a Salm 72. 1-7 1 Timotheus 2. 1-6 Marc 10. 42-45	Gwyn *neu* liw y tymor	IV
7 Ebrill	**Brynach (5[ed] ganrif), Abad.** **Colect ac ÔG 179 a 383** Jeremeia 17. 7-10 Salm 119. 57-64 1 Ioan 2. 12-17 Mathew 19. 23-30 *neu* Luc 12. 32-34	Lliw y tymor *neu* Wyn	V

8 Ebrill	**Griffith Jones (1761), Offeiriad ac Athro.** **Colect ac ÔG 180 a 377** *Naill ai* / *neu* Eseia 52. 7-10 / Eseciel 34. 11-16 Salm 106. 1-4, 19-23 / Salm 23 1 Corinthiaid 4. 1-5 / 1 Pedr 5. 1-4 Mathew 23. 8-12 / Ioan 10. 11-16	Lliw y tymor *neu* Wyn	V
9 Ebrill	**Saint, Merthyron a Chenhadon De America.** **Colect ac ÔG 181 a 365** Eseia 52. 7-10 *neu* Eseciel 3. 16-21 Salm 16 *neu* 117 *neu* 96. 1-4, 10-13 Actau 13. 46-49 *neu* Actau 26. 19-23 Mathew 25. 31-46 *neu* Luc 5. 1-11	Lliw y tymor *neu* Goch	V
	Dietrich Bonhoeffer (1945), Bugail, Athro a Merthyr. **Colect ac ÔG 182 a 385** Doethineb 3. 1-9 Salm 28. 6-9 Rhufeiniaid 8. 35-39 *neu* Datguddiad 7. 13-17 Mathew 10. 24-32 *neu* Ioan 15.18 – 16.4a	Lliw y tymor *neu* Goch	V
11 Ebrill	**George Augustus Selwyn, (1878), Esgob a Chenhadwr.** **Colect ac ÔG 183 a 365** Eseia 52. 7-10 *neu* Eseciel 3. 16-21 Salm 16 *neu* Salm 96. 1-4, 10-13 *neu* Psalm117 Actau 13. 46-49 *neu* Actau 26. 19-23 Mathew 25. 31-46 *neu* Luc 5. 1-11	Lliw y tymor *neu* Wyn	V
15 Ebrill	**Padarn (6[ed] ganrif), Esgob.** **Colect ac ÔG 184 a 379** Eseciel 34. 11-16 Salm 28. 6-9 1 Pedr 5. 1-4 *neu* Effesiaid 4. 7, 8, 11-16 Ioan 21. 15-17	Gwyn *neu* liw y tymor	IV
20 Ebrill	**Beuno (c640), Abad.** **Colect ac ÔG 185 a 383** Jeremeia 17. 7-10 Salm 119. 57-64 1 Ioan 2. 12-17 Mathew 19. 23-30 *neu* Luc 12. 32-34	Gwyn *neu* liw y tymor	IV

Dyddiau Gŵyl

Dyddiad	Gŵyl / Darlleniadau	Lliw	Gradd
21 Ebrill	**Anselm (1109), Esgob a Dysgawdwr.** Colect ac ÔG 186 a 387 Doethineb 9. 13-18 Salm 34. 11-18 Rhufeiniaid 5. 8-11 Mathew 13. 51, 52	Gwyn *neu* liw y tymor	IV
23 Ebrill	**Siôr (304), Merthyr, Nawddsant Lloegr.** Colect ac ÔG 187 a 389 1 Macabeaid 2. 59-64 *neu* Datguddiad 12. 7-12 Salm 126 2 Timotheus 2. 3-13 Ioan 15.18-21	Coch *neu* liw y tymor	IV
25 Ebrill	**Marc, Efengylwr.** *Gweler Llithiadur*	COCH	II
29 Ebrill	**Catrin o Siena (1380), Awdures.** Colect ac ÔG 189 a 375 / 389 Diarhebion 8.1, 6-11 Salm 15 Philipiaid 4. 4-9 Ioan 17. 12-26	Gwyn *neu* liw y tymor	IV
1 Mai	**Philip ac Iago, Apostolion.** *Gweler Llithiadur*	COCH	II
2 Mai	**Athanasius (373), Esgob a Dysgawdwr.** Colect ac ÔG 191 a 356 / 387 Ecclesiasticus 4. 20-28 Salm 34. 11-18 1 Corinthiaid 2. 6-13 Mathew 10. 24-27	Gwyn *neu* liw y tymor	IV
3 Mai	**Henry Vaughan (1695), Bardd.** Colect ac ÔG 192 a 375 Caniad Solomon 2. 8-14 Salm 5. 1-8 Datguddiad 19. 11-16 Ioan 17. 20-26	Lliw y tymor *neu* Wyn	V

Dyddiau Gŵyl

5 Mai	**Asaff (6^{ed} ganrif), Esgob.** **Colect ac ÔG 193 a 379** Eseciel 34. 11-16 Salm 28. 6-9 1 Pedr 5. 1-4 *neu* Effesiaid 4. 7, 8, 11-16 Ioan 21. 15-17	Lliw y tymor	V
		neu Wyn	
8 Mai	**Julian o Norwich (c1417).** **Colect ac ÔG 194 a 389** Ecclesiasticus 2. 1-9 Salm 15 1 Corinthiaid 13. 8-13 Mathew 5. 13-19	Lliw y tymor	V
		neu Wyn	
9 Mai	**Gregor o Nasiansus (390), Esgob.** **Colect ac ÔG 195 a 379** Eseciel 34. 11-16 Salm 28. 6-9 2 Timotheus 4. 1-8 Mathew 5. 13-19	Lliw y tymor	V
		neu Wyn	
14 Mai	**Mathias, Apostol.** *Gweler Llithiadur*	**COCH**	II
15 Mai	**Edmwnd Prys (1624), Offeiriad, Bardd a Chyfieithydd a John Davies (1644), Offeiriad a Chyfieithydd.** **Colect ac ÔG 197 a 392** *Naill ai* *neu* Deuteronomium 6. 3-9 1 Brenhinoedd 19. 16,19-21 Salm 16 Salm 128 Effesiaid 4. 1-7, 11-13 2 Corinthiaid 5. 14-20 Mathew 25. 14-30 Ioan 15. 9-17	Lliw y tymor	V
		neu Wyn	
19 Mai	**Dunstan (988), Esgob** **Colect ac ÔG 198 a 379** Exodus 31. 1-5 Salm 28. 6-9 1 Pedr 5. 1-4 *neu* Effesiaid 4. 7, 8, 11-16 Mathew 24. 42-46	Lliw y tymor	V
		neu Wyn	

Dyddiau Gŵyl

24 Mai	**Charles Wesley (1788) a Ioan Wesley (1791), Offeiriaid a Chenhadon.** **Colect ac ÔG 200 a 365** Eseia 52. 7-10 *neu* Eseciel 3. 16-21 Salm 16 *neu* Salm 96. 1-4, 10-13 *neu* Salm 117 Effesiaid 5. 15-20 Mathew 25, 31-46 *neu* Luc 5. 1-11	Lliw y tymor *neu* Wyn	V
25 Mai	**Beda (735), Dysgawdwr.** **Colect ac ÔG 201 a 356 / 387** Ecclesiasticus 39. 1-10 Salm 34. 11-18 1 Corinthiaid 2. 6-13 Mathew 13. 51, 52	Gwyn *neu* liw y tymor	IV
26 Mai	**Awstin o Gaergaint (605), Esgob.** **Colect ac ÔG 202 a 377 / 379** Eseciel 34. 11-16 Salm 28. 6-9 1 Thesaloniaid 2. 2b-8 Mathew 13. 31-33	Gwyn *neu* liw y tymor	IV
28 Mai	**Melangell (6[ed] ganrif), Abades.** **Colect ac ÔG 203 a 383** Jeremeia 17. 7-10 Salm 119. 57-64 1 Ioan 2. 12-17 Mathew 19. 23-30 *neu* Luc 12. 32-34	Lliw y tymor *neu* Wyn	V
31 Mai	**Ymweliad Mair Forwyn Fendigaid ag Elisabeth.** *Gweler Llithiadur*	GWYN	II
1 Mehefin	**Iestyn (c165), Amddiffynnydd a Merthyr.** **Colect ac ÔG 205 a 385** 1 Macabeaid 2. 15-22 Salm 28. 6-9 1 Corinthiaid 1. 18-25 Ioan 15. 18-21	Coch *neu* liw y tymor	IV

Dyddiau Gŵyl

2 Mehefin	**Blandina a'i Chymdeithion (177), Merthyron.** Colect ac ÔG 206 a 385 Doethineb 3. 1-9 Salm 28. 6-9 Rhufeiniaid 8. 35-39 *neu* Datguddiad 7. 13-17 Mathew 10. 24-32 *neu* Ioan 15.18 – 16.4a	**Coch** *neu* liw y tymor	IV
3 Mehefin	**Iago Hannington (1885), Esgob, Cenhadwr a Merthyr, Merthyron Uganda (1886) a Janani Luwum (1977), Esgob a Merthyr.** **Colect ac ÔG 207 a 385** *Naill ai* / *neu* Ecclesiasticus 4.20-28 / Genesis 14. 18-20 Salm 28. 6-9 / Salm 116. 12-19 Rhufeiniaid 8. 35-39 *neu* Datguddiad 7. 13-17 / 1 Corinthiaid 11. 23-26, [27-29, 31-34a] Mathew 10. 24-32 *neu* Ioan 12. 24-32 / Ioan 6. [47-50,] 51-58	Lliw y tymor *neu* Goch	V
5 Mehefin	**Boniffas (754), Esgob, Cenhadwr a Merthyr.** **Colect ac ÔG 208 a 385** Doethineb 3. 1-9 Salm 28. 6-9 Actau 20. 24-28 Mathew 10. 24-32 *neu* Ioan 15.18-16.4a	Lliw y tymor *neu* Goch	V
9 Mehefin	**Columba (597), Abad.** **Colect ac ÔG 209 a 383** Jeremeia 17. 7-10 Salm 119. 57-64 Titus 2. 11-15 Mathew 19. 23-30 *neu* Luc 12. 32-34	Gwyn *neu* liw y tymor	IV
10 Mehefin	**Effrem y Syriad (373), Diacon, Emynydd ac Athro'r Ffydd.** **Colect ac ÔG 210 a 375** Ecclesiasticus 39. 1-9 Salm 34. 11-18 1 Corinthiaid 2. 6-13 Mathew 13. 51, 52	Lliw y tymor *neu* Wyn	V
11 Mehefin	**Barnabas, Apostles.** *Gweler Llithiadur*	**COCH**	II

Dyddiau Gŵyl

14 Mehefin	**Basil Fawr (397), Esgob a Dysgawdwr.** **Colect ac ÔG 212 a 356 / 387** Ecclesiasticus 39. 1-9 Salm 34. 11-18 2 Timotheus 4. 1-8 Mathew 5. 13-19	Lliw y tymor *neu* Wyn	V
16 Mehefin	**Richard (1253), Esgob.** **Colect ac ÔG 212 a 356 / 387** Eseciel 34. 11-16 Salm 28. 6-9 1 Pedr 5. 1-4 *neu* Effesiaid 4. 7, 8, 11-16 Ioan 21. 15-19	Lliw y tymor *neu* Wyn	V
20 Mehefin	**Alban (250), Iwl ac Aaron (304-5), Merthyron.** **Colect ac ÔG 214 a 385** Doethineb 3. 1-9 Salm 28. 6-9 2 Timotheus 2. 3-13 Ioan 12. 24-26	Coch *neu* liw y tymor	IV
24 Mehefin	**Genedigaeth Ioan Fedyddiwr.** *Gweler Llithiadur*	GWYN	II
28 Mehefin	**Irenaeus (c200), Esgob a Dysgawdwr.** **Colect ac ÔG 216 a 356 / 387** Ecclesiasticus 39. 1-9 Salm 34. 11-18 2 Pedr 1. 16-21 Mathew 13. 51, 52	Gwyn *neu* liw y tymor	IV
28 Mehefin	*Hwyrol Weddi noswyl :* **Pedr.** **Pedr a Paul.** Salm 66; 67 Salm 66; 67 Eseciel 34. 1-11 Eseciel 3. 4-11 Actau 9. 32-43 Galatiaid 1.13 – 2.8		

Dyddiau Gŵyl

29 Mehefin	**Pedr, Apostol** *neu* **Pedr a Paul, Apostolion.** **Colect ac ÔG** (Pedr) 217 a 110 **Colect ac ÔG** (Pedr a Paul) 218 a 110 **Pedr.** **Pedr a Paul.** Eseciel 3. 22-27 Sechareia 4. 1-6a, 10b-14 Salm 125 Salm 125 Actau 12. 1-11 Actau 12. 1-11 Mathew 16. 13-19 Mathew 16. 13-19 *neu* *neu* Actau 12. 1-11 Actau 12. 1-11 Salm 125 Salm 125 1 Pedr 2. 19-25 2 Timotheus 4. 6-8, 17, 18 Mathew 16. 13-19 Mathew 16. 13-19 **Pedr, Apostol** *neu* **Pedr a Paul, Apostolion.** **Boreol Weddi** **Hwyrol Weddi** Salm 71 Salm 124; 138 Eseia 49. 1-6 Eseciel 34. 11-16 Actau 11. 1-18 Ioan 21. 15-22	COCH	II
30 Mehefin	**Merthyrdod Paul, Apostol.** **Colect ac ÔG 219 a 110** Doethineb 3. 1-9 Salm 28. 6-9 2 Timotheus 4. 6-8 Mathew 10. 24-32 *neu* Ioan 15.18 – 16.4a	Coch *neu* liw y tymor	IV
1 Gorffennaf	**Euddogwy (6^{ed} ganrif), Esgob.** **Colect ac ÔG 220 a 379** Eseciel 34. 11-16 Salm 28. 6-9 1 Pedr 5. 1-4 *neu* Effesiaid 4. 7, 8, 11-16 Ioan 21.15-17	Gwyn *neu* liw y tymor	IV
3 Gorffennaf	**Tomos, Apostol.** *Gweler Llithiadur*	COCH	II

Dyddiau Gŵyl

4 Gorffennaf	**Peblig (4ᵉᵈᵈ ganrif), Abad.** Colect ac ÔG 222 a 383 Jeremeia 17. 7-10 Salm 119. 57-64 1 Ioan 2. 12-17 Mathew 19. 23-30 *neu* Luc 12. 32-34	Lliw y tymor *neu* Wyn	V
6 Gorffennaf	**Thomas More (1535), Merthyr.** Colect ac ÔG 223 a 385 Doethineb 3. 1-9 Salm 28. 6-9 Rhufeiniaid 8. 35-39 *neu* Datguddiad 7. 13-17 Mathew 10. 24-32 *neu* Ioan 15.18 – 16.4a	Lliw y tymor *neu* Goch	V
11 Gorffennaf	**Bened (c540), Abad.** Colect ac ÔG 224 a 383 Jeremeia 17. 7-10 Salm 119. 57-64 1 Corinthiaid 3. 10, 11 Luc 18. 18-22	Gwyn *neu* liw y tymor	IV
14 Gorffennaf	**Ioan Keble (1866), Offeiriad ac Athro'r Ffydd.** Colect ac ÔG 225 a 377 Galarnad 3. 19-26 Salm 34. 11-18 1 Corinthiaid 2. 6-13 Mathew 5. 1-8	Lliw y tymor *neu* Wyn	V
18 Gorffennaf	**Elisabeth o Rwsia (1918), Lleian a Merthyr.** Colect ac ÔG 226 a 385 Eseia 58. 6-11 Salm 82 Hebreaid 13. 1-3 Mathew 5. 1-12	Lliw y tymor *neu* Goch	V
19 Gorffennaf	**Gregor o Nyssa (c394), Esgob a Macrina (c379), Gwyryf, Athrawon y Ffydd.** Colect ac ÔG 227 a 387 Doethineb 9. 13-17 Salm 34. 11-18 1 Corinthiaid 2. 9-13 Mathew 13. 51, 52	Lliw y tymor *neu* Wyn	V

Dyddiau Gŵyl

21 Gorffennaf	**Howell Harris (1773), Pregethwr.** **Colect ac ÔG 228 a 381** Malachi 3. 16-18 Salm 145. 3-13a Datguddiad 19. 5-8 Ioan 17. 18-23	Lliw y tymor	V
		neu Wyn	
22 Gorffennaf	**Mary Magdalene.** *Gweler Llithiadur*	GWYN	II
23 Gorffennaf	**Bridget o Sweden (1373), Abades.** **Colect ac ÔG 394 a 383** Galatiaid 2. 19-20 Salm 34. 1-10 Ioan 15. 1-8	Lliw y tymor	V
		neu Wyn	
25 Gorffennaf	**Iago, Apostol.** *Gweler Llithiadur*	COCH	II
26 Gorffennaf	**Ann a Joachim, Rhieni y Fendigaid Forwyn Fair.** **Colect ac ÔG 231 a 389** Seffaneia 3. 14-17 Salm 127 Rhufeiniaid 8. 28-30 Mathew 13. 16,17	Gwyn	IV
		neu liw y tymor	
27 Gorffennaf	**Martha, Mair a Lasarus o Fethania.** **Colect ac ÔG 232 a 389** Eseia 25. 6-9 Salm 49. 5-10, 16 Hebreaid 2. 10-15 Ioan 12. 1-8	Gwyn	IV
		neu liw y tymor	
28 Gorffennaf	**Samson (5^{ed} ganrif), Esgob.** **Colect ac ÔG 233 a 379** Eseciel 34. 11-16 Salm 28. 6-9 1 Pedr 5. 1-4 *neu* Effesiaid 4. 7, 8, 11-16 Ioan 21. 15-17	Gwyn	IV
		neu liw y tymor	

Dyddiau Gŵyl

29 Gorffennaf	**William Wilberforce (1833), Josephine Butler (1906), a phob Diwygiwr Cymdeithasol.** **Colect ac ÔG 234 a 373** Eseia 58. 6-11 *neu* Job 31. 16-23 Salm 72. 1-4, 12-14 Galatiaid 3. 26-29; 4. 6, 7 *neu* 1 Ioan 3. 18-23 Mathew 9. 10-13 *neu* Luc 4. 16-21	Lliw y tymor *neu* Wyn	V
30 Gorffennaf	**Silas, Cenhadwr.** **Colect ac ÔG 235 a 365** Eseia 52. 7-10 *neu* Eseciel 3. 16-21 Salm 16 neu 117 *neu* 96. 1-4, 10-13 Actau 13. 46-49 *neu* Actau 26, 19-23 Mathew 25. 31-46 *neu* Luc 5. 1-11	Gwyn *neu* liw y tymor	IV
31 Gorffennaf	**Joseff o Arimathea.** **Colect ac ÔG 236 a 389** Ecclesiasticus 2. 1-9 Salm 15 Philipiaid 4. 4-9 Ioan 19. [31-37,] 38-42	Gwyn *neu* liw y tymor	IV
	Ignatius Loyola (1556), sefydlydd Cymdeithas yr Iesu. **Colect ac ÔG 395 & 377** 1 Corinthiaid 10.31 – 11.1 Salm 34. 1-10 Luc 14. 25-33	Lliw y tymor *neu* Wyn	V
3 Awst	**Garmon (5ed ganrif), Esgob.** **Colect ac ÔG 237 a 379** Eseciel 34. 11-16 Salm 28. 6-9 1 Pedr 5. 1-4 *neu* Effesiaid 4. 7, 8, 11-16 Ioan 21. 15-17	Gwyn *neu* liw y tymor	IV
5 Awst	**Oswallt (642), Brenin a Merthyr.** **Colect ac ÔG 238 a 385** Doethineb 3. 1-9 Salm 28. 6-9 1 Pedr 4. 12-19 Ioan 16. 29-33	Lliw y tymor *neu* Goch	V

Dyddiau Gŵyl

6 Awst	**Gweddnewidiad Ein Harglwydd.** *Gweler Llithiadur*	GWYN	II
8 Awst	**Dominic (1221), Pregethwr.** **Colect ac ÔG 240 a 381** Ecclesiasticus 39. 1-10 Salm 119. 57-64 1 Ioan 2. 12-17 Mathew 19. 23-30 *neu* Luc 12. 32-34	Gwyn *neu* liw y tymor	IV
9 Awst	**Augustine Baker (1641), Offeiriad a Mynach.** **Colect ac ÔG 241 a 377** *Naill ai* *neu* Deuteronomium 6. 3-9 1 Brenhin. 19. 16, 19-21 Salm 16 Salm 128 Effesiaid 4. 1-7, 11-13 2 Corinthiaid 5. 14-20 Mathew 25. 14-30 Ioan 15. 9-17	Lliw y tymor *neu* Wyn	V
	Mary Sumner (1921), Sefydlydd Undeb y Mamau. **Colect ac ÔG 242 a 373** Diarhebion 31. 10-13, [14-18,] 19, 20, [21-29,] 30, 31 Salm 127 *a / neu* 128 1 Pedr 3. 1-9 Marc 3. 31-35 *neu* Luc 10. 38-42	Lliw y tymor *neu* Wyn	V
	Edith Stein (1942), Athrawes, Lleian a Merthyr. **Colect ac ÔG 243 a 385** Doethineb 3. 1-9 Salm 28. 6-9 Rhufeiniaid 8. 35-39 *neu* Datguddiad 7. 13-17 Mathew 10. 24-32 *neu* Ioan 15.18 – 16.4a	Lliw y tymor *neu* Goch	V
10 Awst	**Lawrens (258), Diacon a Merthyr.** **Colect ac ÔG 244 a 385** Doethineb 3. 1-9 Salm 28. 6-9 2 Corinthiaid 9. 6-10 Mathew 10. 24-32 *neu* Ioan 15.18 – 16.4a	Lliw y tymor *neu* Goch	V

Dyddiau Gŵyl

11 Awst	**Clare o Assisi (1253), Sefydlwraig Minoresses (Clares Gwael).** **Colect ac ÔG 245 a 383** Caniad Solomon 8. 6, 7 Salm 119. 57-64 1 Ioan 2. 12-17 Mathew 19. 23-30 *neu* Luc 12. 32-34	Gwyn *neu* liw y tymor	IV
12 Awst	**Ann Griffiths (1805), Bardd.** **Colect ac ÔG 246 a 375** Caniad Solomon 2. 8-14 Salm 5. 1-8 Datguddiad 19. 11-16 Ioan 17. 20-26	Lliw y tymor *neu* Wyn	V
13 Awst	**Jeremy Taylor (1667), Esgob.** **Colect ac ÔG 247 a 379** Eseciel 34. 11-16 Salm 28. 6-9 Titus 2. 7, 8, 11-14 Ioan 21. 15-17	Lliw y tymor *neu* Wyn	V
14 Awst	**Maximilian Kolbe (1941), Offeiriad a Merthyr.** **Colect ac ÔG 248 a 385** Doethineb 3. 1-9 Salm 28. 6-9 Rhufeiniaid 8. 35-39 *neu* Datguddiad 7. 13-17 Mathew 10. 24-32 *neu* Ioan 15.18 – 16.4a	Lliw y tymor *neu* Goch	V
15 Awst	**Mair, Mam Ein Harglwydd.** *Gweler Llithiadur*	GWYN	II
20 Awst	**Bernard (1153), Abad.** **Colect ac ÔG 250 a 383** Jeremeia 17. 7-10 Salm 119. 57-64 Datguddiad 19. 5-9 Mathew 19, 23-30 *neu* Luc 12. 32-34	Lliw y tymor *neu* Wyn	V

Dyddiau Gŵyl

23 Awst	**Tudful (430), Merthyr.** **Colect ac ÔG 251 a 385** Doethineb 3. 1-9 Salm 28. 6-9 Rhufeiniaid 8. 35-39 *neu* Datguddiad 7. 13-17 Mathew 10. 24-32 *neu* Ioan 15.18 – 16.4a	Lliw y tymor	V
		neu Goch	
24 Awst	**Bartholomew, Apostol.** *Gweler Llithiadur*	**COCH**	II
27 Awst	**Monica (378), Mam Awstin o Hippo.** **Colect ac ÔG 253 a 389** Ecclesiasticus 26. 1-3, 13-16 Salm 127; 128 Philipiaid 4. 4-9 Ioan 17. 18-23	Gwyn	IV
		neu liw y tymor	
28 Awst	**Awstin o Hippo (430), Esgob a Dysgawdwr yr Eglwys.** **Colect ac ÔG 254 a 356 / 387** Ecclesiasticus 39. 1-10 Salm 34. 11-18 Rhufeiniaid 13. 11-13 Mathew 13. 51, 52	Gwyn	IV
		neu liw y tymor	
29 Awst	**Dienyddio Ioan Fedyddiwr.** **Colect ac ÔG 255 a 256** Jeremeia 1. 4-10 Salm 11 Hebreaid 11.32 – 12.2 Mathew 14. 1-12	Coch	IV
		neu liw y tymor	
31 Awst	**Aidan (651), Esgob** **Colect ac ÔG 257 a 379** Eseciel 34. 11-16 Salm 28. 6-9 1 Corinthiaid 9. 16-19 Ioan 21. 15-17	Gwyn	IV
		neu liw y tymor	

Dyddiau Gŵyl

2 Medi	**Lucian Tapiedi (1942), Cenhadwr a Merthyr, a Merthyron Papwa Gini Newydd (1901 a 1942).** **Colect ac ÔG 258 a 385** Doethineb 3. 1-9 Salm 28. 6-9 Rhufeiniaid 8. 35-39 *neu* Datguddiad 7. 13-17 Mathew 10. 24-32 *neu* Ioan 15.18 – 16.4a	Lliw y tymor *neu* Coch	V
3 Medi	**Gregor Fawr (604), Esgob a Dysgawdwr yr Eglwys.** **Colect ac ÔG 259 a 356 / 387** Ecclesiasticus 39. 1-9 Salm 34. 11-18 1 Thesaloniaid 2. 3-8 Mathew 13. 51, 52	Gwyn *neu* liw y tymor	IV
8 Medi	**Gendigaeth Mair Forwyn Fendigaid.** **Colect ac ÔG 261 a 8** Genesis 3. 8-15 Salm 45. 6-11, 17 Rhufeiniaid 5. 12-15 Luc 11. 27, 28	Gwyn *neu* liw y tymor	IV
10 Medi	**William Salesbury (1584), Cyfieithydd, a William Morgan (1604), Esgob a Chyfieithydd.** **Colect ac ÔG 262 a 392** Malachi 3. 16-18 Salm 145. 3-13a Datguddiad 19. 5-8 Ioan 17. 18-23	Lliw y tymor *neu* Wyn	V
11 Medi	**Deiniol (6[ed] ganrif), Esgob.** **Colect ac ÔG 263 a 379** Eseciel 34. 11-16 Salm 28. 6-9 1 Pedr 5. 1-4 *neu* Effesiaid 4. 7, 8, 11-16 Ioan 21. 15-17	Gwyn *neu* liw y tymor	IV
13 Medi	**Cyprian (258), Esgob, Dysgawdwr a Merthyr.** **Colect ac ÔG 264 a 385** Doethineb 3. 1-9 Salm 28. 6-9 1 Pedr 4. 12-19 Mathew 18. 18-22	Coch *neu* liw y tymor	IV

Dyddiau Gŵyl

14 Medi	**Gŵyl y Grog.** *Gweler Llithiadur*	**COCH**	II
16 Medi	**Ninian (c430), Esgob.** **Colect ac ÔG 266 a 379** Eseciel 34. 11-16 Salm 28. 6-9 Actau 13. 46-49 Marc 16. 15-20	Gwyn *neu* liw y tymor	IV
20 Medi	**Saint, Merthyron a Chenhadon Awstralasia a'r Môr Tawel.** **Colect ac ÔG 267 a 365** Eseia 52. 7-10 *neu* Eseciel 3. 16-21 Salm 16 *neu* 96. 1-4, 10-13 *neu* 117 Actau 13. 46-49 *neu* Actau 26. 19-23 Mathew 25. 31-46 *neu* Luc 5. 1-11	Lliw y tymor *neu* Goch	V
21 Medi	**Mathew, Apostol ac Efengylwr.** *Gweler Llithiadur*	**COCH**	II
24 Medi	**Sergei o Radonesh (1392), Abad.** **Colect ac ÔG 269 a 383** Jeremeia 17. 7-10 Salm 119. 57-64 1 Ioan 2. 12-17 Mathew 19. 23-30 *neu* Luc 12. 32-34	Lliw y tymor *neu* Wyn	V
25 Medi	**Cadog (6[ed] ganrif), Abad.** **Colect ac ÔG 152 a 383** Jeremeia 17. 7-10 Salm 119. 57-64 1 Ioan 2. 12-17 Mathew 19. 23-30 *neu* Luc 12. 32-34	Gwyn *neu* liw y tymor	IV
26 Medi	**Lancelot Andrewes (1626), Esgob.** **Colect ac ÔG 270 a 379** Eseia 6. 1-8, [9, 10] Salm 28. 6-9 1 Pedr 5. 1-4 *neu* Effesiaid 4. 7, 8, 11-16 Ioan 21. 15-17	Lliw y tymor *neu* Wyn	V

Dyddiau Gŵyl

27 Medi	**Vincent de Paul (1660), Offeiriad.** **Colect ac ÔG 271 a 391** *Naill ai* / *neu* Eseia 52. 7-10 / Eseciel 34. 11-16 Salm 106. 1-4, 19-23 / Salm 23 1 Corinthiaid 1. 25-31 / 1 Pedr 5. 1-4 Mathew 25. 34-40 / Ioan 10. 11-16	Lliw y tymor *neu* Wyn	V
29 Medi	**Mihangel a'r Holl Angylion.** *Gweler Llithiadur*	GWYN	II
30 Medi	**Sierôm (420), Dysgawdwr yr Eglwys.** **Colect ac ÔG 274 a 392** Ecclesiasticus 39. 1-9 Salm 34. 11-18 1 Corinthiaid 2. 6-13 Mathew 10. 16-23	Gwyn *neu* liw y tymor	IV
4 Hydref	**Ffransis o Assisi (1226), Brawd Crefyddol.** **Colect ac ÔG 275 a 383** *Naill ai* / *neu* Jeremeia 17. 7-10 / Micah 6. 6-8 Salm 119. 57-64 / Salm 100 1 Ioan 2. 12-17 / Galatiaid 6. 14-18 Mathew 19. 23-30 / Luc 12. 22-34	Gwyn *neu* liw y tymor	IV
6 Hydref	**William Tyndale (1536), Cyfieithydd a Merthyr.** **Colect ac ÔG 276 a 392** Diarhebion 8. 4-11 Salm 46 2 Timotheus 3. 12-17 Ioan 3. 14-21 *neu* Luc 9. 57-62	Lliw y tymor *neu* Goch	V
9 Hydref	**Cynog (5[ed] ganrif), Abad** **Colect ac ÔG 277 a 383** Jeremeia 17. 7-10 Salm 119. 57-64 1 Ioan 2. 12-17 Mathew 19. 23-30 *neu* Luc 12. 32-34	Lliw y tymor *neu* Wyn	V

Dyddiau Gŵyl

13 Hydref	**Edward Gyffeswr (1066), Brenin.** **Colect ac ÔG 278 a 389** 2 Samuel 23. 1-5 Salm 15 1 Ioan 4. 13-16 Ioan 17. 18-23	Lliw y tymor *neu* Wyn	V
14 Hydref	**Esther Ioan (1960), Cenhadwr and Martyr.** **Colect ac ÔG 279 a 385** Eseia 58. 6-11 Salm 146. 5-10 Rhufeiniaid 8. 35-39 *neu* Datguddiad 7. 13-17 Mathew 10. 24-32 *neu* Ioan 15.18 – 16.4a	Lliw y tymor *neu* Goch	V
15 Hydref	**Teresa o Afila (1582), Athrawes y Ffydd.** **Colect ac ÔG 280 a 356 / 387** Ecclesiasticus 39. 1-9 Salm 34. 11-18 Rhufeiniaid 8. 22-27 Mathew 13. 51,52	Gwyn *neu* liw y tymor	IV
16 Hydref	**Daniel Rowland (1790), Offeiriad a Phregethwr.** **Colect ac ÔG 281 a 381** *Naill ai* *neu* Deuteronomium 6. 3-9 1 Brenhin. 19. 16, 19-21 Salm 16 Salm 128 Effesiaid 4. 1-7, 11-13 2 Corinthiaid 5. 14-20 Mathew 25. 14-30 Ioan 15. 9-17	Lliw y tymor *neu* Wyn	V
17 Hydref	**Ignatius (c117), Esgob a Merthyr.** **Colect ac ÔG 282 a 385** Doethineb 3. 1-9 Salm 28. 6-9 Philipiaid 3. 7-12 Ioan 6. 52-58	Coch *neu* liw y tymor	IV
18 Hydref	**Luc, Efengylwr.** *Gweler Llithiadur*	COCH	II

Dyddiau Gŵyl

19 Hydref	**Henry Martyn (1812), Bugail, Cyfieithydd a Chenhadwr.** **Colect ac ÔG 285 a 365 / 392** Eseia 52. 7-10 Salm 96. 1-4, 10-13 Actau 13. 46-49 *neu* Actau 26 19-23 Marc 16. 15-20	Lliw y tymor *neu* Wyn	V
23 Hydref	**Iago o Jerwsalem, Esgob a Merthyr.** **Colect ac ÔG 286 a 377 / 379** Actau 15. 12-22a Salm 1 1 Corinthiaid 15. 1-11 Mathew 13. 54-58	**Coch** *neu* liw y tymor	IV
25 Hydref	**Lewis Bayley (1631), Esgob ac Awdur.** **Colect ac ÔG 287 a 379** Eseciel 34. 11-16 Salm 28. 6-9 1 Pedr 5. 1-4 *neu* Effesiaid 4. 7, 8, 11-16 Ioan 21. 15-17	Lliw y tymor *neu* Wyn	V
26 Hydref	**Alffred (899), Brenin.** **Colect ac ÔG 288 a 389** 2 Samuel 23. 1-5 Salm 15 Philipiaid 4. 4-9 Ioan 18. 33-37	Lliw y tymor *neu* Wyn	V
28 Hydref	**Simon a Jwdas, Apostolion.** *Gweler Llithiadur*	**COCH**	II
30 Hydref	**Richard Hooker (1600), Offeiriad ac Athro.** **Colect ac ÔG 290 a 356 / 387** Ecclesiasticus 44. 10-15 Salm 34. 11-18 1 Corinthiaid 2. 6-13 Ioan 16. 12-15	Lliw y tymor *neu* Wyn	V

Dyddiau Gŵyl

31 Hydref	**Saint a Merthyron Catholig a Phrotestannaidd Cyfnod y Diwygiad Protestannaidd.** **Colect ac ÔG 291 a 385** Habacuc 2. 1-4 Salm 46 Rhufeiniaid 1. 16-25 *neu* Galatiaid 2.20 – 3.9 Ioan 3. 14-21 *neu* Luc 9. 57-62	Lliw y tymor *neu* Goch	V
	Gwylnos yr Holl Saint. **Colect ac ÔG 292 a 389** Ecclesiasticus 2. 1-9 Salm 15 Philipiaid 4. 4-9 Ioan 17. 18-23	Lliw y tymor *neu* Wyn	V
1 Tachwedd	**Yr Holl Saint.** *Gweler Llithiadur*	GWYN	II
2 Tachwedd	**Dygwyl y Meirw.** *Gweler Llithiadur*	PORFF *neu* DDU	II
3 Tachwedd	**Saint, Merthyron a Chyffeswyr ein Hoes.** **Colect ac ÔG 294 a 385** Doethineb 3. 1-9 Salm 28. 6-9 Rhufeiniaid 8. 35-39 *neu* Datguddiad 7. 13-17 Mathew 10. 24-32 *neu* Ioan 15.18 – 16.4a	Lliw y tymor *neu* Goch	V
	Gwenffrewi (7[fed] ganrif), Abades. **Colect ac ÔG 295 a 383** Jeremeia 17. 7-10 Salm 119. 57-64 1 Ioan 2. 12-17 Mathew 19. 23-30 *neu* Luc 12. 32-34	Lliw y tymor *neu* Wyn	V
4 Tachwedd	**Saint a Merthyron y Cymundeb Anglicanaidd.** **Colect ac ÔG 296 a 385 / 389** Eseia 61. 4-9 *neu* Ecclesiasticus 44. 1-15 Salm 15 Datguddiad 19. 5-10 Ioan 17. 18-23	Lliw y tymor *neu* Goch	V

Dyddiau Gŵyl

5 Tachwedd	**Cybi (6ed ganrif), Abad.** Colect ac ÔG 297 a 383 Jeremeia 17. 7-10 Salm 119. 57-64 1 Ioan 2. 12-17 Mathew 19. 23-30 *neu* Luc 12. 32-34	Gwyn	IV
		neu liw y tymor	
6 Tachwedd	**Illtud (5ed ganrif), Abad.** Colect ac ÔG 298 a 383 Jeremeia 17. 7-10 Salm 119. 57-64 1 Ioan 2. 12-17 Mathew 19. 23-30 neu Luc 12. 32-34	Gwyn	IV
		neu liw y tymor	
7 Tachwedd	**Richard Davies (1581), Esgob a Chyfieithydd.** Colect ac ÔG 299 a 392 Malachi 3. 16-18 Salm 145. 3-13a Datguddiad 19. 5-8 Ioan 17. 18-23	Lliw y tymor	V
		neu Wyn	
8 Tachwedd	**Saint Cymru.** Colect ac ÔG 300 a 391 Malachi 3. 16-18 Salm 145. 3-13a Datguddiad 19. 5-8 Ioan 17. 18-23	Gwyn	IV
		neu liw y tymor	
10 Tachwedd	**Leo (461), Esgob a Dysgawdwr.** Colect ac ÔG 301 a 387 Ecclesiasticus 39. 1-9 Salm 34. 11-18 1 Pedr 5. 1-11 Mathew 13. 51, 52	Lliw y tymor	V
		neu Wyn	
11 Tachwedd	**Martin (c397), Esgob.** Colect ac ÔG 302 a 379 Eseciel 34. 11-16 Salm 28. 6-9 1 Thesaloniaid 5. 1-11 Mathew 25. 34-40	Gwyn	IV
		neu liw y tymor	

Dyddiau Gŵyl

12 Tachwedd	**Tysilio (6ed ganrif), Abad.** **Colect ac ÔG 303 a 383** Jeremeia 17. 7-10 Salm 119. 57-64 1 Ioan 2. 12-17 Mathew 19. 23-30 *neu* Luc 12. 32-34	Lliw y tymor	V
		neu Wyn	
13 Tachwedd	**Charles Simeon (1836), Offeiriad ac Athro'r Ffydd.** **Colect ac ÔG 304 a 381** *Naill ai* *neu* Malachi 2. 5-7 Eseia 52. 7-10 Salm 23 Salm 106. 1-4, 19-23 Colosiaid 1. 3-8 1 Corinthiaid 4. 1-5 Luc 8. 4-8 Mathew 23. 8.12	Lliw y tymor	V
		neu Wyn	
14 Tachwedd	**Dyfrig (6ed ganrif), Esgob.** **Colect ac ÔG 305 a 377 / 379** Eseciel 34. 11-16 Salm 28. 6-9 1 Pedr 5. 1-4 *neu* Effesiaid 4. 7, 8, 11-16 Ioan 21. 15-17	Gwyn	IV
		neu liw y tymor	
15 Tachwedd	**Saint, Merthyron a Chenhadon Gogledd America.** **Colect ac ÔG 306 a 365** Eseia 52. 7-10 *neu* Eseciel 3. 16-21 Salm 16 *neu* 96. 1-4, 10-13 *neu* 117 Actau 13, 46-49 *neu* Actau 26, 19-23 Mathew 25. 31-46 *neu* Luc 5. 1-11	Lliw y tymor	V
		neu Goch	
16 Tachwedd	**Margaret o'r Alban (c1045), Brenhines.** **Colect ac ÔG 307 a 389** Diarhebion 31. 10-12, 20, 26-31 Salm 15 1 Corinthiaid 12.13 – 13.3 Mathew 25. 34-46	Lliw y tymor	V
		neu Wyn	

Dyddiau Gŵyl

17 Tachwedd	**Huw (1200), Esgob.** **Colect ac ÔG 308 a 377 / 379** Eseciel 34. 11-16 Salm 28. 6-9 1 Timotheus 6. 11-16 Ioan 21. 15-17	Lliw y tymor *neu* Wyn	G
18 Tachwedd	**Hilda (680), Abades.** **Colect ac ÔG 309 a 383** Eseia 61.10 – 62.5 Salm 119. 57-64 1 Ioan 2. 12-17 Mathew 19. 23-30 *neu* Luc 12. 32-34	Lliw y tymor *neu* Wyn	G
19 Tachwedd	**Elisabeth o Hwngari (1231), Tywysoges.** **Colect ac ÔG 310 a 389** Diarhebion 31. 10-31 Salm 15 Philipiaid 4. 4-9 Mathew 25. 31-46	Lliw y tymor *neu* Wyn	G
21 Tachwedd	**Peulin (5[ed] ganrif), Abad.** **Colect ac ÔG 311 a 383** Jeremeia 17. 7-10 Salm 119. 57-64 1 Ioan 2. 12-17 Mathew 28. 16-20	Lliw y tymor *neu* Wyn	G
22 Tachwedd	**Cecilia (230), Merthyr.** **Colect ac ÔG 384 a 385** Hosea 2. 14-20 Salm 45. 10-17 Mathew 25. 1-13	Lliw y tymor *neu* Goch	G
23 Tachwedd	**Clement (c100), Esgob a Merthyr** **Colect ac ÔG 312 a 377 / 379** Eseciel 34. 11-16 Salm 28. 6-9 Philipiaid 3.17 – 4.3 Mathew 16. 13-19	Lliw y tymor *neu* Goch	G

25 Tachwedd	**Ioan Donne (1631), Offeiriad a Bardd** **Colect ac ÔG 313 a 375** Caniad Solomon 2. 8-14 Salm 5. 1-8 Datguddiad 19. 11-16 Ioan 17. 20-26	**Lliw y tymor** *neu* Wyn	V

Dyddiau Gweddi a Chydgoriau; Gwyliau Cysegru a Diolchgarwch

	DYDDIAU'R GWEDDI	
Llun, Mawrth a Mercher cyn Dydd Iau Dyrchafael	Llun Colect ac ÔG 341 a 344	1 Brenhinoedd 8. 35-40 Salm 104. 19-30 1 Ioan 5. 12-15 Mathew 6. 1-15
	Mawrth Colect ac ÔG 342 a 344	Job 28. 1-11 Salm 107. 1-9 2 Thesaloniaid 3. 6-13 Marc 11. 22-24
	Mercher Colect ac ÔG 343 & 344	Deuteronomium 8. 1-10 Salm 121 Philipiaid 4. 4-7 Luc 11. 5-13
	DYDDIAU'R CYDGORIAU (Defnyddir y darlleniadau yn eu trefn)	
Mercher, Gwener a Sadwrn cyn: y trydydd Sul yn Adfent yr ail Sul yn y Grawys a'r Sul agosaf at 29 Mehefin a 29 Medi	Set 1 Colect ac ÔG 351 a 352	Jeremeia 1. 4-9 Salm 84. 8-12 Actau 20. 28-35 Mathew 9. 35-38
	Set 2 Colect ac ÔG 351 a 352	Numeri 11. 16, 17, 24-29 Salm 122 1 Corinthiaid 3. 5-11 Luc 4. 16-21 *neu* Luc 12. 35-43
	Set 3 Colect ac ÔG 351 a 352	Numeri 27. 15-23 Salm 134 1 Pedr 4. 7-11 Ioan 4. 31-38

Dyddiau Gweddi a Chydgoriau; Gwyliau Cysegru a Diolchgarwch

DIOLCHGARWCH AM FEDYDD SANCTAIDD
Gellir defnyddio'r darlleniadau yn y Cymun neu mewn gwasanaethau eraill.

Gellir ei ddathlu unrhyw bryd yn ystod Tymor y Pasg	Colect ac ÔG 337 a 338
	Eseciel 36. 24-28
	Salm 34. 1-10
	Rhufeiniaid 6. 3-11
	Mathew 28. 16-20

DIOLCHGARWCH AM Y CYNHAEAF
Gellir defnyddio'r darlleniadau yn y Cymun neu mewn gwasanaethau eraill.

Yn draddodiadol oddeutu'r Sul cyntaf ym mis Hydref	PRIF WASANAETH Colect ac ÔG 345 a 346		
	BLWYDDYN A	**BLWYDDYN B**	**BLWYDDYN C**
	Deuteronomium 8. 7-18 *neu* 28. 1-14	Joel 2. 21-27	Deuteronomium 26. 1-11
	Salm 65	Salm 126	Salm 100
	2 Corinthiaid 9. 6-15	1 Timotheus 2. 1-7 *neu* 6. 6-10	Philipiaid 4. 4-9 *neu* Datguddiad 14. 14-18
	Luc 12. 16-30 *neu* 17. 11-19	Mathew 6. 25-33	Ioan 6. 25-35
	Darlleniadau o'r HD	**Efengyl**	
	Deuteronomium 8. 7-20	Mathew 13. 24-30	
	2 Samuel 24. 18-25	Luc 8. 4-15	
	1 Cronicl 29. 10-18	Ioan 4. 31-38	
	Eseia 55	Ioan 6. 35-51	
	Joel 2. 21-27	**Salmau**	
	Ecclesiasticus 39. 16-27, 32-35	67	
		104. 1-23	
	Darlleniadau o'r TND	104. 24-35	
	Galatiaid 5.16 – 6.10	145	
	1 Ioan 4. 7-21	147	
		148	
		150	

Dyddiau Gweddi a Chydgoriau; Gwyliau Cysegru a Diolchgarwch

Bl.	PRIF WASANAETH	AIL WASANAETH	TRYDYDD GWASANAETH
	GŴYL FAIR Y CANHWYLLAU		
A	Colect ac ÔG 347 a 348 1 Brenhinoedd 8. 22-30 *neu* Datguddiad 21. 9-14 Salm 122 Hebreaid 12. 18-24 Mathew 21. 12-16	Salm 132 Jeremeia 7. 1-11 1 Corinthiaid 3. 9-17	Salm 48 Haggai 2. 6-9 Hebreaid 10. 19-25
B	Colect ac ÔG 347 a 348 Genesis 28. 11-18 *neu* Datguddiad 21. 9-14 Salm 122 1 Pedr 2. 1-10 Ioan 10. 22-29	Salm 132 Jeremeia 7. 1-11 Luc 19. 1-10	Salm 48 Haggai 2. 6-9 Hebreaid 10. 19-25
C	Colect ac ÔG 347 a 348 1 Cronicl 29. 6-19 Salm 122 Effesiaid 2. 19-22 Ioan 2. 13-22	Salm 132 Jeremeia 7. 1-11 Luc 19. 1-10	Salm 48 Haggai 2. 6-9 Hebreaid 10. 19-25

Dyddiau Gweddi a Chydgoriau; Gwyliau Cysegru a Diolchgarwch

Abad / Abades	1 Brenhinoedd 19. 9-18 *neu* Diarhebion 10. 27-32 *neu* Caniad Solomon 8. 6, 7 *neu* Eseia 61.10 – 62.5 *neu* Jeremeia 17. 7-10 *neu* Hosea 2. 14, 15, 19, 20
	Salm 34. 1-8 *neu* 112. 1-9 *neu* 119. 57-64 *neu* 123 *neu* 131
	Actau 4. 32-35 *neu* 2 Corinthiaid 10.17 – 11.2 *neu* Philipiaid 3. 7-14 *neu* 1 Ioan 2. 12-17 *neu* Datguddiad 19. 1, 5-9
	Mathew 11. 25-30 *neu* Mathew 19. 3-12 *neu* Mathew 19. 23-30 *neu* Luc 9. 57-62 *neu* Luc 12. 32-3
Esgob	1 Samuel 16.1, 6-13 *neu* Eseia 6. 1-8, [9, 10] *neu* Jeremeia 1. 4-10 *neu* Eseciel 3. 16-21 *neu* Eseciel 34. 11-16 *neu* Malachi 2. 5-7
	Salm 1 *neu* 15 *neu* 16. 5-11 *neu* 28. 6-9 *neu* 96 *neu* 110
	Actau 20. 28-35 *neu* 1 Corinthiaid 4. 1-5 *neu* 2 Corinthiaid 4. 1, 2, [3, 4,] 5-7, [8-10] *neu* 2 Corinthiaid 5. 14-20 *neu* Effesiaid 4. 7, 8, 11-16 *neu* 1 Pedr 5. 1-4
	Mathew 11. 25-30 *neu* Mathew 24. 42-46 *neu* Ioan 10. 11-16 *neu* Ioan 15. 9-17 *neu* Ioan 21. 15-17
Dysgawdwr / Athro'r Ffydd	1 Brenhinoedd 3. [6-10,] 11-14 *neu* Diarhebion 4. 1-9 *neu* Doethineb 7. 7-10, 15, 16 *neu* Ecclesiasticus 39. 1-10
	Salm 19. 7-10 *neu* 34. 11-18 *neu* 37. 30-34 *neu* 119. 85-96 *neu* 119. 97-104
	1 Corinthiaid 1. 18-25 *neu* 1 Corinthiaid 2. 1-10 *neu* 9-16 *neu* Effesiaid 3. 8-12 *neu* 2 Timotheus 4. 1-8 *neu* Titus 2. 1-8
	Mathew 5. 13-19 *neu* 13. 51-58 *neu* 23 8-12 *neu* Marc 4. 1-9 *neu* Ioan 16. 12-15
Merthyr	2 Cronicl 24. 17-21 *neu* Eseia 43. 1-7 *neu* Jeremeia 11. 18-20 *neu* Doethineb 3. 1-9 *neu* Doethineb 4. 10-15
	Salm 3 *neu* 11 *neu* 28. 6-9 *neu* 31. 1-5 *neu* 44. 13-21 *neu* 126
	Rhufeiniaid 8. 35-39 *neu* 2 Corinthiaid 4. 7-15 *neu* 2 Timotheus 2. 3-7, [8-13] *neu* Hebreaid 11. 32-40 *neu* 1 Pedr 4. 12-19 *neu* Datguddiad 7. 13-17 *neu* Datguddiad 12. 10-12a
	Mathew 10. 16-22 *neu* Mathew 10. 24-39 *neu* Mathew 16. 24-26 *neu* Ioan 12. 24-26 *neu* Ioan 15.18 – 16.4a
Cenhadaeth	Eseia 49. 1-6 *neu* Eseia 52. 7-10 *neu* Micah 4. 1-5
	Salm 2 *neu* 46 *neu* 67 *neu* 96. 1-4, 10-13
	Actau 17. 12-34 *neu* 2 Corinthiaid 5.14 – 6.2 *neu* Effesiaid 2. 13-22
	Mathew 5. 13-16 *neu* Mathew 9. 35-38 *neu* Mathew 28.16-20 *neu* Ioan 17. 20-26

Priodau'r Cymun

Cenhadwr	Eseia 52. 7-10 *neu* Eseia 61. 1-3a *neu* Eseciel 3. 16-21 *neu* Eseciel 34. 11-16 *neu* Jona 3. 1-5
	Salm 16 *neu* 67 *neu* 87 *neu* 96. 1-4, 10-13 *neu* 97 *neu* 100 *neu* 117
	Actau 2. 14, 22-36 *neu* Actau 13. 46-49 *neu* Actau 16. 6-10 *neu* Actau 26. 19-23 *neu* Rhufeiniaid 15. 17-21 *neu* 2 Corinthiaid 5.11 – 6.2
	Mathew 9. 35-38 *neu* Mathew 25. 31-46 *neu* Mathew 28. 16-20 *neu* Marc 16. 15-20 *neu* Luc 5. 1-11 *neu* Luc 10. 1-9
Bugail	*Naill ai* — *neu*
	Eseia 52. 7-10 — Eseciel 34. 11-16
	Salm 106. 1-4, 19-23 — Salm 23
	1 Corinthiaid 4. 1-5 — 1 Pedr 5. 1-4
	Mathew 23. 8-12 — Ioan 10. 11-16
Bardd neu Arlunydd	Caniad Solomon 2. 8-14
	Salm 5. 1-8
	Datguddiad 19. 11-16
	Ioan 17. 20-26
Offeiriad	*Naill ai* — *neu*
	Deuteronomium 6. 3-9 — 1 Brenhinoedd 19. 16, 19-21
	Salm 16 — Salm 128
	Effesiaid 4. 1-7, 11-13 — 2 Corinthiaid 5. 14-20
	Mathew 25. 14-30 — Ioan 15. 9-17
Seintiau	Genesis 12. 1-4 *neu* Diarhebion 8, 1-11 *neu* Micah 6. 6-8 *neu* Ecclesiasticus 2. 1-9, [10-17]
	Salm 15 *neu* 32 *neu* 33. 1-5 *neu* 119. 1-8 *neu* 139. 1-6, [7-12] *neu* 145. 8-13
	Effesiaid 3. 14-19 *neu* 6. 11-18 *neu* Philipiaid 4. 4-9 *neu* Hebreaid 13. 7, 8, 15, 16 *neu* Iago 2. 14-17 *neu* 1 Ioan 4. 7-16 *neu* Datguddiad 21. [1-4,] 5-7
	Mathew 19. 16-21 *neu* Mathew 25. 1-13 *neu* Mathew 25. 14-30 *neu* Ioan 15. 1-8 *neu* Ioan 17. 18-26
Saint Cymru	Malachi 3. 16-18
	Salm 145. 3-13a
	Datguddiad 19. 5-8
	Ioan 17. 18-23

Priodau'r Cymun

Cyfrifoldeb Cymdeith-asol	Eseia 32. 15-20 *neu* Amos 5. 21-24 *neu* Amos 8. 4-7 *neu* Ecclesiasticus 4. 1-10
	Salm 31. 21-24 *neu* 72. 1-4, 12-14 *neu* 85. 1-7 *neu* 146. 5-10
	Actau 5. 1-11 *neu* Colosiaid 3. 12-15 *neu* Iago 2. 1-4
	Mathew 5. 1-12 *neu* Mathew 25. 31-46 *neu* Marc 2. 1-5 *neu* Luc 16. 19-31
Achlysuron dinesig	Josua 1. 1-9 *neu* Diarhebion 8. 1-16 *neu* Eseia 26. 1-8
	Salm 20 *neu* 47 *neu* 101 *neu* 121
	Rhufeiniaid 13. 1-10 *neu* Datguddiad 21.22 – 22.4
	Mathew 22. 16-22 *neu* Marc 12. 13-17 *neu* Luc 22. 24-30
Addysg	Deuteronomium 6. 4-9, 20-25 *neu* Diarhebion 8. 22-31 *neu* Ecclesiasticus 44. 1-15
	Salm 36. 5-10 *neu* 49. 1-4 *neu* 78. 1-7
	Philipiaid 4. 7, 8 *neu* 2 Timotheus 3.14 – 4.5
	Mathew 11. 25-30 *neu* Mathew 13. 44-46 *neu* Ioan 7. 14-18
Cyfnod y Diwygiad	Habacuc 2. 1-4
	Salm 46
	Rhufeiniaid 1. 16-25 *neu* Galatiaid 2.20 – 3.9
	Ioan 3. 14-21 *neu* Luc 9. 57-62
Gwylnos Sant	Exodus 19. 3-6a
	Salm 92. 1, 2, 12, 13
	Datguddiad 5. 6-10
	Luc 6. 20-23
Undod	*Gellir defnyddio deunydd eciwmenaidd cyfredol*
	Jeremeia 33. 6-9a *neu* Eseciel 36. 23-28 *neu* Eseciel 37. 15-22 *neu* Seffaneia 3. 16-20
	Salm 100 *neu* 122 *neu* 133
	Effesiaid 4. 1-6 *neu* Colosiaid 3. 9-17 *neu* 1 Ioan 4. 9-15
	Mathew 18. 19-22 *neu* Ioan 11. 45-52 *neu* Ioan 17. 11b-23
Y Rhai Mewn Angen	Genesis 9. 8-17 *neu* Job 1. 13-22 *neu* Eseia 38. 6-11 *neu* Eseia 40. 28-31
	Salm 86. 1-7 *neu* 107. 4-16 *neu* 121 *neu* 142
	Rhufeiniaid 3. 21-26 *neu* Rhufeiniaid 8. 18-25 *neu* 2 Corinthiaid 8. 1-5, 9
	Marc 4. 35-41 *neu* Marc 11. 22-25 *neu* Luc 12. 1-7 *neu* Ioan 16. 31-33

Heddwch	Eseia 9. 1-6 *neu* Eseia 57. 15-19 *neu* Micah 4. 1-5
	Salm 29. 1-4, 10, 11 *neu* 40.13-17 *neu* 72. 1-7 *neu* 85. 8-13
	Philipiaid 4. 6-9 *neu* 1 Timotheus 2. 1-6 *neu* Iago 3. 13-18
	Mathew 5. 43-48 *neu* Ioan 14. 23-29 *neu* Ioan 15. 9-17
Arweiniad yr Ysbryd / Cyfarfod	Diarhebion 24. 3-7 *neu* Eseia 30. 15-21 *neu* Eseia 61. 1-3 *neu* Doethineb 9. 13-17
	Salm 25. 1-9 *neu* 86. 9-12, 16, 17 *neu* 104. 24-34 *neu* 143. 8-10
	Actau 15. 23-29 *neu* Rhufeiniaid 8. 22-27 *neu* 1 Corinthiaid 12. 4-13
	Ioan 14. [15-22,] 23-26 *neu* Ioan 14. 27-33 *neu* Ioan 16. 13-15
Priodas Afiechyd / Y Rhai sy'n Marw neu Angladdau	Gweler trefn y gwasanaethau

Nodiadau

Nodiadau